Apprivoiser les déséquilibres du quotidien

Édition : Julie Roy et Marianne Prairie
Design graphique : Ann-Sophie Caouette
Infographie : Ann-Sophie Caouette
Traitement des images : Johanne Lemay
Photos : Kim Gauthier
Illustrations : Marylee Laquerre-Frégault
Révision : Brigitte Lépine
Correction : Jocelyne Cormier

Catalogage avant publication de Bibliothèque et Archives nationales du Québec et Bibliothèque et Archives Canada

Titre : Apprivoiser les déséquilibres du quotidien : se choisir, s'accepter, s'inspirer / Sarah Fortin et Virginie Goudreault.
Noms : Fortin, Sarah (Gestionnaire), auteur. | Goudreault, Virginie, auteur.
Identifiants : Canadiana (livre imprimé) 20220018898 | Canadiana (livre numérique) 20220018901 | ISBN 9782761960182 | ISBN 9782761960199 (livre numérique)
Vedettes-matière : RVM : Actualisation de soi chez la femme.
Classification : LCC BF637.S4 F678 2022 | CDD 158.1—dc23

DISTRIBUTEURS EXCLUSIFS :

Pour le Canada et les États-Unis :
MESSAGERIES ADP inc.*
Téléphone : 450-640-1237
Internet : www.messageries-adp.com
* filiale du Groupe Sogides inc.,
filiale de Québecor Média inc.

Pour la France et les autres pays :
INTERFORUM editis
Téléphone : 33 (0) 1 49 59 11 56/91
Service commandes France Métropolitaine
Téléphone : 33 (0) 2 38 32 71 00
Internet : www.interforum.fr
Service commandes Export – DOM-TOM
Internet : www.interforum.fr
Courriel : cdes-export@interforum.fr

Pour la Suisse :
INTERFORUM editis SUISSE
Téléphone : 41 (0) 26 460 80 60
Internet : www.interforumsuisse.ch
Courriel : office@interforumsuisse.ch
Distributeur : OLF S.A.
Commandes :
Téléphone : 41 (0) 26 467 53 33
Internet : www.olf.ch
Courriel : information@olf.ch

Pour la Belgique et le Luxembourg :
INTERFORUM BENELUX S.A.
Téléphone : 32 (0) 10 42 03 20
Internet : www.interforum.be
Courriel : info@interforum.be

10-22

Imprimé au Canada

Dépôt légal : 2022
Bibliothèque et Archives nationales du Québec

ISBN (version papier) 978-2-7619-6018-2
ISBN (version numérique) 978-2-7619-6019-9

Gouvernement du Québec – Programme de crédit d'impôt pour l'édition de livres – Gestion SODEC – www.sodec.gouv.qc.ca

L'Éditeur bénéficie du soutien de la Société de développement des entreprises culturelles du Québec pour son programme d'édition.

Conseil des arts du Canada | Canada Council for the Arts

Nous remercions le Conseil des arts du Canada de l'aide accordée à notre programme de publication.

Financé par le gouvernement du Canada | Funded by the Government of Canada | Canada

Nous reconnaissons l'aide financière du gouvernement du Canada par l'entremise du Fonds du livre du Canada pour nos activités d'édition.

SARAH FORTIN
VIRGINIE GOUDREAULT
Fondatrices d'Infuse magazine

Apprivoiser les déséquilibres du quotidien

Se choisir.
S'accepter.
S'inspirer.

LES ÉDITIONS DE L'HOMME

À Sofia, Billie, Thomas et Éloi,
qui nous inspirent et nous
challengent quotidiennement.

AVANT-PROPOS

Deux parcours qui ont pavé la voie à ce livre

Commençons par le commencement. Nous nous sommes rencontrées en 2014, par hasard, en travaillant sur un projet professionnel. Rien ne nous prédisposait à collaborer, puisque nous étions deux personnalités complètement différentes (surtout à l'époque). L'une étant de nature réservée, observatrice, réfléchie, analytique, posée et ponctuelle (Sarah) et l'autre étant fonceuse, créative, vive, spontanée, dynamique et toujours en retard (Virginie). Dès nos premiers échanges, nos différences étaient flagrantes (à nos yeux, mais également à ceux des autres), mais pour une raison qui nous échappe encore, ça a cliqué entre nous. Professionnellement parlant, nous nous sommes reconnues dans nos forces (et faiblesses) complémentaires. À un moment charnière dans nos vies respectives, nos chemins se sont croisés.

Cette rencontre marqua le début de notre parcours professionnel entrepreneurial, la création d'Infuse magazine mais, surtout, le début de notre transformation personnelle.

La vie, c'est ce qui arrive pendant que vous prévoyez autre chose.

– John Lennon

Nous avons d'abord créé Infuse magazine (nommé Blond Story de 2013 à 2020). Infuse magazine, c'est un magazine en ligne, une chaîne de podcasts, des ateliers bien-être et maintenant, des éditions papier. Pourquoi *Infuse* ? Parce que notre mission a pour objectif premier d'infuser et d'inspirer l'envie de prendre soin de soi au quotidien. Pour nous, il est primordial de réussir à définir notre propre dose de bien-être, en fonction de notre personnalité, de notre style de vie, de nos intérêts et d'une multitude de facteurs qui nous rendent tous uniques ! Comme une infusion, allant de la plus douce à la plus corsée.

Au fil de notre quête d'équilibre des dernières années, nous avons tiré une grande leçon : ce n'est pas l'équilibre qu'il faut atteindre à tout prix, mais bien la maîtrise et la connaissance de nos outils de bien-être lorsque nous sommes en état de déséquilibre.

C'est de tout cela et de notre parcours qu'il sera question dans ce livre, qui se veut un accompagnement, une inspiration vers une reconnexion à soi et la création d'une trousse bien-être qui vous ressemble.

Découvrez, au fil des pages, notre parcours, notre cheminement, nos rencontres avec des gens inspirants et la façon dont nous avons pu, petit à petit, nous construire, nous reprogrammer.

Sarah & Virginie

Tout au long de votre lecture, vous trouverez ces deux symboles pour vous permettre d'approfondir et de poursuivre vos apprentissages ou vos inspirations sur nos différentes plateformes :

Retrouvez plus d'articles ou de contenus en lien avec cette thématique sur le site infusemagazine.ca !

Apprenez-en davantage sur cette thématique sur notre chaîne de podcasts !

INTRODUCTION

Comme une promenade à vélo...

Tout au long de notre balade, nous apprenons à garder l'équilibre dans le mouvement. En avançant dans un état de parfait déséquilibre.

On aime penser que la vie, c'est comme une promenade à vélo. Il y a des hauts et des bas, des montagnes difficiles à gravir et des descentes plus douces, des intempéries et du soleil. Parfois, on manque de force et d'énergie. On doit souvent ralentir, puis apprendre quand accélérer, sans trop s'essouffler. Bref, il faut savoir trouver son rythme.

La connaissance de soi et des outils qui nous sont accessibles et pertinents nous permet de mieux garder cet équilibre mouvant. Mais pour apprendre à se connaître, il ne faut pas négliger l'importance de l'introspection.

La pratique de l'introspection peut se faire et se vivre de plusieurs façons, qui sont propres à chacun.

Au fil des ans, de nos rencontres, de notre cheminement personnel et professionnel, nous avons été en contact avec des dizaines de professionnels du domaine du bien-être. Malgré leurs différences, tous pratiquaient l'introspection. À leur façon.

Le terme « introspection » peut faire peur et sembler ésotérique, voire religieux. Cependant, il ne réfère en aucun cas à une pratique précise, mais plutôt à un ou des actes qui permettent de nous reconnecter à nous-mêmes, d'écouter notre ressenti intérieur.

Officiellement, le terme « introspection » se définit comme étant une observation, une analyse de ses sentiments, de ses motivations, par le sujet lui-même (donc par vous).

Notre rapport à l'introspection et notre façon de la pratiquer nous a amenées à définir nos propres exercices bien-être, à remplir cette boîte à outils pour l'utiliser en cas de déséquilibre. Pour nous, la reconnexion à soi passe automatiquement par la pratique de l'introspection.

S'arrêter, se poser des questions et être prêt à recevoir des réponses permet de se reconnecter réellement à son essence. Au-delà du paraître, du faire et de toutes les obligations et les attentes.

Pour commencer votre parcours d'introspection et de réflexion, vous êtes invité à faire l'exercice suivant.

LA TARTE DE VIE

Cet exercice est souvent utilisé en psychothérapie ou en consultation de réorientation professionnelle. Il permet à la personne de comparer sa vie réelle et celle qu'elle souhaiterait avoir, et ce, en fonction du temps réparti entre chacune des « pointes » de sa vie.

Nous-mêmes avons fait régulièrement cet exercice, concernant notre vie tant professionnelle que personnelle, pour nous réaligner ou prendre des décisions importantes.

C'est un bon moyen de commencer à s'analyser, de façon plus concrète et factuelle, et d'identifier (1) où l'on investit son temps, (2) où l'on souhaiterait investir son temps et (3) de comparer les résultats.

ÉTAPE 1

Diviser le cercle suivant en quartiers, en fonction du **temps réel** investi en une journée dans chacun de ces six éléments :

- travail/études ;
- tâches/obligations ;
- temps en famille/amis ;
- sommeil ;
- mouvement ;
- temps libre (pour nous ou pour nous adonner à ce qui nous fait sentir vivants).

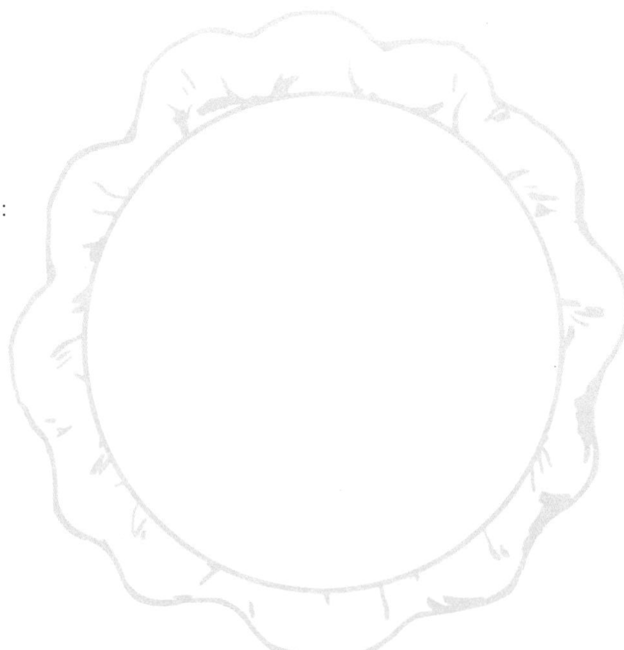

ÉTAPE 2

Diviser le cercle suivant en quartiers, en fonction du **temps que l'on souhaite accorder** en une journée à chacun de ces six éléments :

- travail/études ;
- tâches/obligations ;
- temps en famille/amis ;
- sommeil ;
- mouvement ;
- temps libre (pour nous ou pour nous adonner à ce qui nous fait sentir vivants).

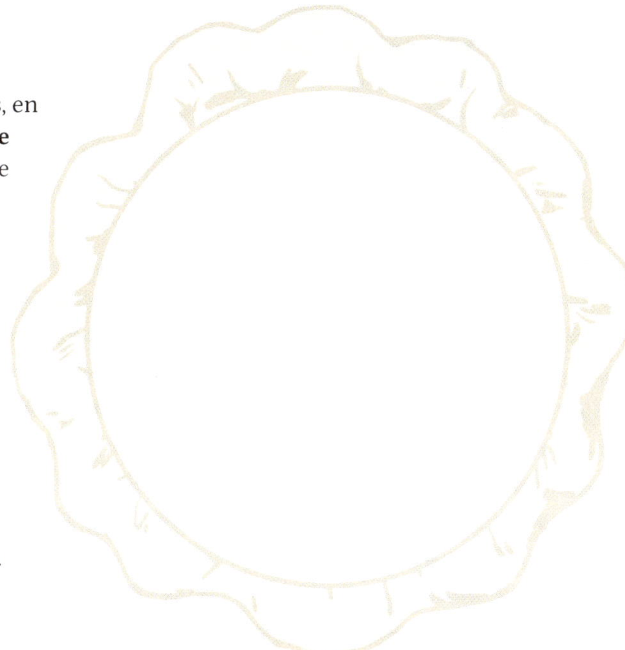

ÉTAPE 3

Comparer les deux cercles (le cercle réel et le cercle souhaité) et analyser la situation.

- Comment vous sentez-vous par rapport à ce que vous observez ?
- Quelles émotions s'emparent de vous ?

Cet exercice de visualisation sera peut-être révélateur, vous indiquant les sphères de votre vie qui comptent et qui manquent d'espace, ce qui peut causer des déséquilibres.

Pratiquer l'introspection, comme vous l'avez fait avec cet exercice, ne prend pas énormément de temps, et pourtant, c'est essentiel. Nous avons tous en tête une image d'un moine bouddhiste qui pratique la méditation 16 heures par jour, non ? Rassurez-vous, l'introspection ne peut nécessiter que quelques minutes, et surtout se pratiquer n'importe où et n'importe quand.

Par exemple, quand nous sommes occupées, nous profitons des activités du quotidien – comme plier des vêtements ou laver la vaisselle – pour faire de rapides introspections. Rien de mieux qu'un geste automatique et répétitif pour nous mettre dans un état méditatif et nous recentrer en quelques instants. Qui aurait cru que ces quelques tâches quotidiennes pouvaient être ressourçantes ?

CHAPITRE 1

Se mettre en mouvement

On dit souvent que le mouvement, c'est la vie. Qu'une eau stagnante dégagera, à la longue, une odeur nauséabonde que même les animaux fuiront. Que les organes de notre corps doivent avoir de l'espace et de la mobilité pour exercer leurs fonctions.

Si, tout au long de notre vie, nous avons cru que le mouvement impliquait obligatoirement de faire des exercices d'endurance, d'avoir une routine d'entraînement stricte, d'aller à la salle de gym et de pratiquer au moins trois séances de sport par semaine, nous pensons autrement aujourd'hui.

Ce cheminement, nous le devons à plusieurs années d'introspection, d'essais divers et de rencontres.

Sarah

Enfant, j'étais assez sportive. Je faisais de la natation, du soccer, du volleyball et autres activités. Pour moi, le sport (et le fait de bouger) était naturel et agréable. Je n'ai pas de souvenir de performance associé à cette période où bouger était synonyme de plaisir. C'est à l'adolescence que mon état d'esprit a changé. Je me comparais (physiquement et dans mes compétences) et j'étais mal dans ma peau. Vers 14 ans, j'ai tout arrêté. Le mouvement ne faisait plus du tout partie de ma vie et je l'associais même à des moments désagréables et forcés. Le plaisir n'y était plus. C'est seulement à l'âge adulte que j'ai renoué avec le plaisir de bouger et, surtout, que j'ai constaté que j'en avais besoin pour me sentir fluide dans mon corps et dans ma tête.

Depuis, j'ai rencontré divers spécialistes qui m'ont poussée à faire de la place au mouvement dans ma vie. À ma façon et selon mes besoins. Ça a été très révélateur et libérateur. Je bouge maintenant pour me faire du bien, m'aérer l'esprit, me délier le corps. Parfois en marchant, d'autres fois en pratiquant le yoga ou la nage, et le plus souvent possible en le faisant pour moi. Les bienfaits sont nombreux ; le simple fait de bouger réduit automatiquement mon stress et mes tensions.

On dit que le mouvement, c'est la vie, et c'est tellement vrai. Quoi de plus douloureux qu'un muscle tendu ou une articulation qui perd de la mobilité ? Notre estomac, nos poumons, nos reins, nos intestins et tous nos organes doivent bouger et prendre de l'expansion pour assurer notre survie. Lorsqu'on voit le mouvement ainsi, il est si bon de s'offrir des moments pour se délier et faire de la place.

Virginie

Depuis aussi longtemps que je me souvienne, bouger a été important pour moi, mais trop souvent dans l'objectif d'atteindre des standards de beauté valorisés par la société. En effet, si, pendant de nombreuses années (voire presque toute ma vie), j'ai bougé pour être reconnue dans le regard des autres, j'ai appris depuis l'arrivée de mes enfants que le mouvement est omniprésent dans nos vies et aucunement lié à l'atteinte d'objectifs spécifiques (pour l'apparence, par exemple).

J'ai compris que l'être humain ne bénéficie ni de la sédentarité ni de l'hyperactivité, et qu'il est important de se mettre en mouvement, tant pour s'activer que pour s'apaiser.

Aujourd'hui, comme le suggère Sarah Baribeau, kinésiologue et fondatrice de Bougeotte et Placotine, j'essaie de créer des « fenêtres d'opportunité pour bouger ». J'aime aller marcher avec mes cocos en poussette pour m'apaiser l'esprit. Le plus souvent possible, je déroule mon tapis enseveli sous les jouets pour faire du Pilates, de la musculation ou du yoga pendant que mes enfants jouent autour, par-dessus, et même en dessous de moi. Je me sers d'eux aussi, parfois. Billie et Éloi deviennent alors des poids pour amplifier un entraînement. Puis, pour un retour au calme, tant pour eux que pour moi, j'adore danser avec eux.

Mon état d'esprit vis-à-vis du mouvement a beaucoup évolué. En effet, on dit qu'avoir des enfants change les priorités et j'y crois aussi. Aujourd'hui, je bouge aussi bien pour m'énergiser que pour m'apaiser et je n'attends pas de trouver le moment parfait pour y arriver.

LE MOUVEMENT SOUS TOUTES SES FORMES, POUR SE SENTIR BIEN DANS SON CORPS

Le mouvement se définit par un changement de position dans l'espace, tout simplement. Il ne devrait pas être associé à une image, à une performance, à un idéal, être défini obligatoirement dans le temps ou se résumer à des séances forcées d'activité physique.

PRENEZ UN MOMENT DE RÉFLEXION...

Le mouvement fait-il partie de votre vie ? Quelle est votre relation avec celui-ci ? Avez-vous trouvé le type de mouvement qui vous fait du bien ?

Le bien-être par le mouvement n'est pas un concept nouveau. On connaît, en théorie, les vertus de l'activité physique sur notre corps et notre esprit. Malheureusement, pour la majorité d'entre nous, notre mode de vie nous incite à être plus sédentaires.

Pourtant, une foule de facteurs nous poussent à être plus mobiles :

- Le plaisir que bouger nous procure ;
- La détente que nous ressentons après avoir bougé ;
- La mobilité et la force que nous ressentons lorsque nous sommes actifs ;
- L'énergie que nous créons ;
- Les endorphines que nous sécrétons ;
- L'effet antistress du mouvement ;
- L'amour que nous nous offrons en prenant ce temps pour nous ;
- L'apaisement de nos douleurs physiques ;
- L'amélioration de notre confiance en nous-mêmes.

Il existe toutes sortes de façons de se mettre en mouvement. L'important est de trouver celles qui nous font du bien et qui répondent à nos besoins du moment.

Plus il y a de la fluidité,
plus il y a de la vie.

- Arnaud Desjardins

LE MOUVEMENT COMME PORTE D'ENTRÉE DU BIEN-ÊTRE

Nous sommes persuadées qu'une des portes d'entrée du bien-être, de la reconnexion à soi et de l'introspection est le mouvement. En pratiquant une activité physique (qu'elle soit légère ou intense), nous n'avons pas le choix de nous centrer sur notre ressenti, notre respiration, notre force.

Certains coureurs de longue distance parlent même du *high* du coureur, soit un moment où le temps ne compte plus, où ils entrent en méditation par le mouvement. La méditation procure beaucoup de bienfaits à l'esprit et au système nerveux, mais pour plusieurs (dont nous !), il est très difficile de s'asseoir sans rien faire et d'arrêter de penser ! En fait, c'est impossible. Au fil du temps, nous avons compris que la méditation est un exercice qui s'apprivoise et que pour éviter les pensées qui viennent à nous, il suffit de ne pas nous y accrocher.

Au-delà des bienfaits physiques, c'est cet état d'esprit méditatif que nous recherchons quand nous nous mettons en mouvement. C'est pour cette raison que le yoga fait partie de nos vies. Il nous permet de nous poser, de nous énergiser, de nous détendre, d'améliorer notre flexibilité (tant physique que mentale). Bref, notre routine de yoga s'adapte à nos besoins du moment.

LES BIENFAITS DU MOUVEMENT POUR LE CORPS ET L'ESPRIT

Bouger est essentiel au bien-être global. Nous ne parlons pas ici d'être de grands sportifs ou d'aspirer à courir des marathons, mais plutôt de nous reconnecter à nous-mêmes et de trouver les types de mouvements qui nous font du bien. Il peut s'agir de séances cardio, de yoga ou tout simplement d'étirements.

Les bienfaits du mouvement sont nombreux :

- amélioration des capacités cardiorespiratoires ;
- augmentation de la musculature ;
- préservation de la santé osseuse ;
- amélioration de l'estime de soi ;
- diminution de l'isolement social (en pratiquant des activités de groupe, entre autres) ;
- réduction des tensions corporelles ;
- augmentation de la concentration ;
- diminution du stress ;
- amélioration du sommeil ;
- et tellement plus !

Le rapport au corps

Depuis le début de ce chapitre, n'avez-vous pas automatiquement associé sport (mouvement) et apparence physique ? Si on se fie à diverses études sur l'apparence physique, c'est plus de la moitié des femmes (au Québec) qui seraient insatisfaites de leur corps, de leur apparence. C'est énorme. La perte de poids est, encore aujourd'hui, souhaitable. Elle est bien vue et valorisée. Une recherche sur le Web avec le simple mot-clé *poids* fait apparaître des centaines d'articles encourageant la perte de poids.

La minceur est encore (faussement) synonyme de santé, de succès, de réussite, de statut social élevé, d'élégance. Il y a encore tellement de stéréotypes et de fausses croyances à déconstruire.

Notre corps est une machine incroyable, plus grande que nature et, encore aujourd'hui, très mystérieuse. Développer de l'amour, de la compassion et de la gratitude envers notre corps, cette enveloppe qui nous permet de bouger dans ce monde, est très libérateur. Tout comme adopter le mouvement pour se faire du bien, en le dissociant de l'atteinte d'un idéal physique.

Virginie

Étant de nature éparpillée, j'ai longtemps pensé que les entraînements de haute intensité étaient nécessaires pour m'apaiser. Mais un jour, Nadia Bonenfant, mon amie et mentor en yoga avec qui j'ai suivi ma formation professorale de 200 heures, m'a fait remarquer que j'étais une personne avec beaucoup de « feu intérieur » (qui, selon l'ayurveda, est la source d'énergie du corps, comme le Soleil est celle de la Terre), et que des types de mouvements plus fluides et répétitifs rappelant ceux de l'eau pourraient m'aider à m'apaiser, voire à calmer mon esprit agité.

Ainsi, la danse, la course (que je détestais à l'époque), la musculation, le Pilates, la marche et le yoga seraient des pratiques à préconiser.

À ce moment, j'étais dans la mi-vingtaine, et loin d'être prête à l'entendre. J'ai donc continué à m'entraîner intensément. C'est seulement quelques années plus tard que j'ai compris que lorsque je suis naturellement activée, j'ai besoin de brûler de l'énergie, mais aussi de me déposer pour mieux la canaliser. Et à l'inverse, lorsque je sens une lourdeur s'installer après trop de sédentarité, j'ai besoin de m'activer, voire de m'essouffler.

Le rapport à mon corps a lui aussi changé avec les années.

J'ai joué au yo-yo avec mon poids pendant toute ma vingtaine en m'imposant des diètes et des entraînements intensifs pour pallier différents excès ; j'ai compris, à l'arrivée de Billie, ma fille, quel était mon poids naturel.

Non pas celui qui était le mien lorsque, frôlant la dépression post-partum, je passais beaucoup de temps à la promener en poussette pour nous calmer, et mangeais peu, anxieuse que j'étais vis-à-vis de mes réflexions et remises en question sur la maternité et la parentalité. Mais plutôt celui qui était le mien lorsque j'ai recommencé à travailler, que ma fille a intégré la garderie, que j'ai retrouvé une routine de vie plus équilibrée et ma confiance en moi qui s'était égarée. J'ai aussi recouvré un esprit plus clair et un désir de me reconnecter à ma créativité.

Tout ça sans excès : ni trop dans le mouvement ni trop dans la sédentarité, en faisant circuler l'énergie dans mon écosystème intérieur grâce à différents types de mouvements, et dans mon écosystème extérieur par l'entremise du travail, de projets à la maison et de ma famille.

L'énergie est partout. En nous, autour de nous. Et trouver comment la cultiver est le travail d'une vie. Voici le mantra que je tente de mettre en pratique : faire confiance au processus, m'attraper dans mes pensées et me porter à l'introspection pour mieux me réaligner. Comment vais-je bouger aujourd'hui ? Et pourquoi ? Se déprogrammer est très difficile, mais j'essaie maintenant de voir différemment la dépense énergétique. Non pas pour l'atteinte d'un poids idéal, mais plutôt parce que mon corps en a besoin. J'ai ce feu intérieur à brûler, et pour mieux canaliser mes énergies, avoir un esprit moins agité, il m'est nécessaire non seulement de bouger, mais aussi de me déposer.

Sarah

Pendant une grande partie de ma vie, ma vision du mouvement a été liée à l'atteinte d'un poids et d'une forme physique idéals : ma relation avec mon corps n'a pas toujours été saine. À l'adolescence, j'ai pris du poids lorsque j'ai commencé à avoir mes règles (entre 13 et 15 ans). J'étais mal dans ma peau. Vers l'âge de 15 ans, je me suis mise à diminuer mes portions et à courir le soir en revenant de l'école. Bouger ne me faisait pas de bien, mais je me l'imposais. Puis, voyant que cela avait un effet sur mon apparence, j'ai radicalement diminué mes portions et augmenté mon activité physique durant plusieurs mois. C'était malsain, mais je poursuivais un idéal, auquel je croyais devoir ressembler. Ce mode de vie draconien n'a duré qu'un temps. Au début de l'âge adulte (après avoir adopté une hygiène de vie plus saine), j'ai graduellement retrouvé mon poids naturel en me reconnectant à moi-même et à mes besoins.

Aujourd'hui, ma relation avec mon corps et le mouvement (surtout après avoir eu des enfants) est bien différente. J'ai encore quelques complexes, mais ils n'envahissent pas mes pensées. Je suis reconnaissante de ce que mon corps me permet d'accomplir. Le mouvement est d'ailleurs un de mes meilleurs outils pour me recentrer sur la puissance de mon corps et ce qu'il me permet de faire, peu importe sa forme et son poids.

Les expressions « image corporelle positive » (*body positivity*), « neutralité corporelle », « acceptation de soi », « grossophobie », « culture des diètes » sont de plus en plus fréquentes dans le discours populaire. On parle également du « poids naturel », terme qui met l'accent sur le fait que nous avons tous et toutes une constitution qui nous est propre.

LE POIDS NATUREL

Entrevue avec Vanessa Daigle, nutritionniste et cofondatrice de J'en mange!

Qu'est-ce que le poids naturel?
Ce poids, c'est celui où votre corps est en équilibre. Celui que vous êtes en mesure de conserver naturellement, sans trop d'efforts, en mangeant en fonction de vos signaux de faim et de satiété et en bougeant suffisamment pour vous sentir bien.

Ce poids n'a rien à voir avec l'indice de masse corporelle (IMC) ou avec celui dit « santé ». Il se peut qu'il ne convienne pas à l'image que vous aimeriez vous faire de votre corps dans l'instant présent. Si c'est le cas, nous avons malheureusement bien peu de recours pour changer les choses. Pour vous permettre de comprendre en quoi consiste ce fameux poids naturel, j'ai pensé le présenter avec une analogie.

Imaginez un ballon qui flotte sur l'eau. Si vous appuyez dessus pour l'enfoncer dans l'eau, il suivra la pression exercée par votre poids et plongera dans les profondeurs durant tout le temps où vous maintiendrez cette pression. Cependant, au moment où vous retirerez votre main, le ballon reviendra naturellement à la surface. D'ailleurs, si vous avez exercé une grande pression pour insérer le ballon profondément sous l'eau, il est possible qu'il rebondisse et atteigne une hauteur supérieure à la surface.

Le poids naturel réagit de la même manière. Vous réussirez peut-être à perdre quelques kilos en tentant d'exercer un grand contrôle sur votre poids. Tant que vous serez en restriction, il est probable que vous mainteniez ce poids, inférieur à celui que vous aviez au début de la démarche. Cependant, dès que vous recommencerez à manger « normalement », votre corps reviendra à son poids naturel. Tout comme pour le ballon, plus vous serez intense dans vos restrictions, plus le rebond risquera d'être important et la reprise de poids aussi.

Qu'est-ce qui détermine mon poids naturel?
À ce moment, vous pensez peut-être qu'il est peu probable que votre poids actuel soit votre poids naturel, puisque lorsque vous étiez plus jeune, celui-ci était plus bas. Eh bien, ce poids, il peut se moduler au fil du temps, en fonction de votre parcours de vie. En effet, plusieurs facteurs exerceront une influence sur votre poids naturel. Au début de votre vie, votre poids est déterminé presque de façon génétique, mais au fil du temps, votre poids naturel variera au gré de :

- l'ensemble des régimes et des diètes auxquels vous avez adhéré ;
- la prise de médication ;
- l'apparition d'une maladie physique ou psychologique ;
- la génétique ;
- les grossesses et/ou les changements hormonaux.

Que faire si mon poids naturel ne me convient pas ?

Vous avez dépensé beaucoup d'énergie, de temps ou d'argent pour tenter d'obtenir le poids souhaité ? À la lecture de ces lignes, peut-être que vous constatez, avec du recul, que vous avez eu peu de succès avec ces démarches. Pourquoi ? Ce n'est pas parce que vous manquez de motivation ou de volonté, mais bien parce que la nature est puissante et que plusieurs mécanismes psychologiques ou hormonaux vous ramènent constamment vers votre poids naturel.

Pendant des années, la culture de la diète nous a laissés croire que nous étions totalement responsables de notre poids et qu'il ne fallait qu'un peu de volonté pour le contrôler. Nous savons aujourd'hui que ce n'est pas le cas.

Les diètes, ça ne fonctionne pas sur le long terme. Ce que vous pouvez faire, c'est miser sur une saine relation avec votre corps et la nourriture, pour entretenir globalement de saines habitudes de vie, d'une manière qui vous convient, et ce, pendant plusieurs années. Ainsi, vous pourrez stabiliser votre poids et libérer votre esprit de toute cette pression.

Mettre des séances de mouvement à l'agenda

Une bonne façon de penser à s'accorder des séances de mouvement, c'est de les mettre à l'agenda.

Posez-vous les questions suivantes : est-ce que j'ai davantage de temps et d'énergie le matin, le midi ou le soir pour faire bouger mon corps ? Est-ce que j'ai davantage besoin de bouger le matin, le midi ou le soir ? Et avec quel type de séance ?

Avec toutes les vidéos disponibles gratuitement sur le Web, il est désormais assez simple d'avoir une banque de quelques routines qui nous plaisent et que nous pouvons faire dans le confort de notre salon, en fonction de notre énergie du moment.

Les fins de semaine, il est bien d'associer les activités familiales à des séances de mouvement : aller au parc à pied, se rendre chez le marchand de crème glacée à vélo, marcher en forêt, jouer dans la cour, etc. Ces séances de mouvement programmées permettent non seulement de prendre le temps de bouger, mais également de le faire dans le plaisir.

Un temps pour chaque mouvement

Les besoins en énergie du corps varient selon les jours et les heures de la journée. Parfois, il nous demande d'être actifs, de donner tout ce que nous avons. D'autres fois, il nous invite à nous apaiser, à nous étirer, à calmer notre système nerveux et notre esprit agité.

Le mouvement est une excellente façon de faire circuler l'énergie et de créer de l'espace dans le corps. Il permet, peu importe la discipline utilisée, de se reconnecter pour mieux se recentrer. Avec les années, nous avons appris comment être davantage à l'écoute de notre niveau d'énergie et c'est pourquoi nous bougeons de plus en plus intuitivement, et ce, en alternant différents arts du mouvement.

EXERCICES ÉNERGISANTS :

- yoga vinyasa ;
- Pilates ;
- entraînement cardiovasculaire en tout genre (nage, course à pied, patin, ski alpin, etc.) ;
- entraînement musculaire ou HIIT (*High-Intensity Interval Training*, une forme d'entraînement alternant des exercices de haute intensité et des périodes de récupération ou d'exercices modérés. L'exercice est répété en boucle plusieurs fois) ;
- vélo.

EXERCICES APAISANTS :

- marche ;
- étirements doux ;
- danse intuitive et fluide (en faisant participer les enfants !).

LE MOUVEMENT ET L'ÉNERGIE

Les déséquilibres énergétiques peuvent se présenter de diverses façons. Il est important de savoir les reconnaître et d'adopter des routines de mouvement qui nous permettent de nous rééquilibrer.

BESOIN DE S'ÉNERGISER :

- Nous nous sentons amorphes et épuisés dès le réveil ;
- Nous ressentons des baisses d'énergie pendant la journée (des coups de barre) ;
- Nous nous sentons lourds et plus lents ;
- Nous souffrons de brouillard mental et de difficultés de concentration.

BESOIN DE S'APAISER :

- Notre esprit va dans tous les sens (une vraie toupie) ;
- Nous nous sentons éparpillés ;
- Nous sommes irritables et impulsifs.

HYDRATATION ET ÉNERGIE

Vous ressentez une baisse d'énergie ou avez la sensation d'avoir faim ? C'est probablement un manque d'hydratation. On suggère de boire environ deux litres d'eau par jour. Votre tasse de thé, de café et autre liquide est bien sûr comptabilisée dans ces deux litres, mais l'eau reste le choix le plus sain.

Les signes de déshydratation :

- bouche sèche ;
- sensation de soif ;
- peau sèche ;
- manque d'énergie ou fatigue ;
- mal de tête ;
- constipation.

Il existe plusieurs trucs simples pour penser à s'hydrater : avoir toujours une bouteille d'eau graduée avec soi (à laquelle on peut ajouter des agrumes ou des herbes), commencer la journée avec un verre d'eau fraîche, etc. L'eau est essentielle au corps (qui en est composé à plus de 60 %) et peut revitaliser l'esprit (le cerveau en est composé à plus de 85 % !). Toutes les raisons sont bonnes pour boire un bon verre d'eau, à notre santé !

S'ÉNERGISER PAR LE MOUVEMENT

(routine et postures)

Voici quelques postures de yoga pensées spécifiquement pour s'énergiser.

LA MONTAGNE

- Les pieds sont enracinés dans le sol.
- La ceinture abdominale et le plancher pelvien sont engagés.
- Les orteils sont écartés.
- Les bras sont en rotation externe et détendus le long du corps.
- Les yeux sont fermés.
- Prenez le temps de vous enraciner dans la posture et d'y établir une intention.
- Respirez.

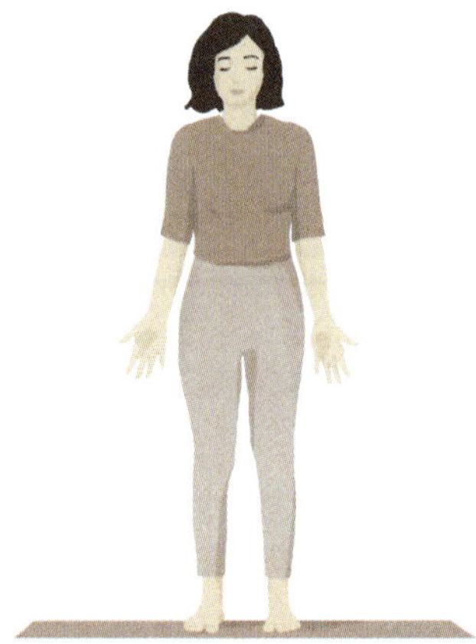

LA CHAISE

- Depuis la posture de la montagne, contractez les muscles des jambes, fléchissez les genoux et levez les bras au ciel, les paumes de vos mains face à face, afin de vous asseoir sur une chaise imaginaire.
- Les genoux ne doivent pas dépasser les chevilles.
- Le dos demeure droit.
- Le coccyx pointe vers le sol.
- Le regard est dirigé vers l'avant.
- Restez en posture statique plus ou moins une minute, ou faites des pulsations de haut en bas pour activer les membres inférieurs et stimuler le sens de l'équilibre.

LE GUERRIER 2

- Depuis la posture de la chaise, déposez un pied à l'arrière du tapis, vers l'extérieur, à un angle de 90°, la jambe étant complètement tendue.
- Le genou à l'avant forme un angle droit et ne dépasse pas la cheville.
- Les hanches pointent vers l'extérieur.
- Les abdominaux et le plancher pelvien sont contractés.
- Le bas du dos est long.
- Les épaules sont détendues et s'allongent de part et d'autre au même niveau.
- Le regard se dépose sur le majeur de la main avant.
- Profitez des bienfaits de la posture et respirez.
- Prenez le temps d'habiter et d'intégrer la puissance et l'ancrage de votre guerrier.
- Reconnue pour développer à la fois la force, la coordination, la souplesse ainsi que la capacité de concentration, la posture du guerrier 2 est une alliée pour stimuler et solliciter le corps en entier.

LE GUERRIER DANSANT

- Depuis la posture du guerrier 2, laissez le bras arrière descendre vers la jambe arrière et le bras avant monter vers le ciel.

  Pour soutenir le bas de la colonne vertébrale, il est aussi possible de poser la main sur la hanche arrière pour s'assurer de ne pas aller trop loin dans la posture.
- Respirez profondément, question d'étirer les muscles entre les côtes. Engagez la ceinture abdominale et le plancher pelvien simultanément.
- Pour créer de la fluidité dans le mouvement, de l'espace dans le corps et y faire circuler l'énergie, alternez à quelques reprises le guerrier dansant et le guerrier 2.

LA FENTE HAUTE

- Depuis la posture du guerrier 2, déposez les mains au sol de chaque côté du pied avant et prenez la posture de la fente.
- Placez la plante du pied arrière au sol et les orteils qui pointent vers l'avant.
- Contractez les muscles des jambes en dirigeant l'énergie vers le sol.
- Redressez-vous de manière à lever les bras au ciel.
- Les abdominaux sont engagés.
- Les épaules sont loin des oreilles.
- Respirez et ressentez l'énergie vitale monter, la stabilité s'installer.

LA FENTE HAUTE AVEC TORSION

- Depuis la posture de la fente, déposez la main opposée de la jambe fléchie au sol et élevez l'autre main vers le ciel, pour faire une torsion. Respirez et profitez de l'expansion que permet la posture.
- Respirez doucement, avec fluidité, continuez de créer de l'espace, d'activer les muscles de la tête aux pieds.

LA PLANCHE

- Depuis la posture de la fente, ramenez les mains au sol de chaque côté du pied et dirigez la jambe fléchie elle aussi à l'arrière du tapis pour vous positionner dans la posture de la planche.
- Les mains (ou les coudes pour une variante plus douce pour les poignets) sont à la largeur des épaules.
- Les épaules sont dégagées des oreilles.
- Les abdominaux et les jambes sont engagés.
- Respirez et profitez de l'énergie vitale qui se fait de plus en plus ressentir et circule dans le corps.
- Marchez les mains jusqu'aux pieds à l'arrière du tapis, inspirez et élevez les bras au ciel pour retrouver la posture de la montagne ; recommencez la séquence de l'autre côté.

LE CADAVRE INVERSÉ

- Fléchissez doucement les genoux et déposez-les au sol, suivis du ventre puis du front. Croisez les bras afin de placer les coudes pliés de chaque côté de la tête.
- Respirez, tournez la tête et déposez une joue sur le sol afin de profiter des bienfaits régénérateurs de cette posture, vous permettant un certain retour au calme maintenant que vous vous êtes bien activé et que vous êtes prêt à entamer, ou à continuer, votre journée de manière énergisée.

D'AUTRES FAÇONS DE S'ÉNERGISER PAR LE MOUVEMENT :

- marche rapide en écoutant un podcast inspirant ou de la musique entraînante ;
- entraînement cardiovasculaire (vélo, course, HIIT, etc.) ;
- étirements jumelés à des techniques de respiration pour l'éveil.

LA RESPIRATION ET LE *BREATHWORK*

Respirer, c'est un besoin vital. Une bonne respiration peut avoir des effets positifs sur l'état physique et psychologique (gestion des émotions, du stress…). En plus d'apporter de l'oxygène à vos cellules, une bonne respiration permet d'améliorer le fonctionnement des organes.

Le *breathwork* est une technique de méditation active basée sur une respiration par hyperventilation. Cette technique permet de travailler les blocages émotifs. Cependant, il est important d'être accompagné par un spécialiste du *breathwork* lors des séances afin de ne pas hyperventiler ou s'étourdir.

S'APAISER, SE DÉPOSER PAR LE MOUVEMENT

(routine et postures)

Voici quelques postures de yoga pensées spécifiquement pour la détente et l'apaisement.

LA MONTAGNE

- Les pieds sont enracinés dans le sol.
- La ceinture abdominale et le plancher pelvien sont engagés.
- Les orteils sont écartés.
- Les bras sont en rotation externe et détendus le long du corps. Les yeux sont fermés.
- Prenez le temps de vous enraciner dans la posture et d'y établir une intention.
- Respirez.

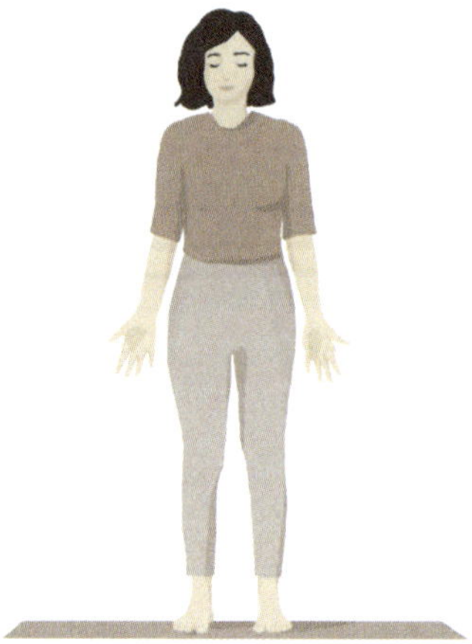

LA FLEXION AVANT

- À partir de la posture de la montagne, inspirez et levez les mains au ciel, puis redescendez le haut du corps vers l'avant en expirant. Déposez les mains au sol ou enlacez les bras et les coudes pour bien relâcher et relaxer la nuque et la tête.
- Assurez-vous de conserver une légère flexion dans les genoux. Transférez le poids du corps vers les orteils.
- Respirez, bercez-vous, imaginez que toutes les pensées qui ne vous servent plus quittent votre esprit pour rejoindre le tapis.
- Observez ce qui se passe, les étirements des différents muscles, la respiration qui s'allonge et une forme de lâcher-prise qui s'installe.

LE CHIEN TÊTE EN BAS

- Depuis la posture de la flexion avant, déposez les mains au sol et déplacez vos pieds à l'arrière du tapis, de façon à vous retrouver dans la posture du chien tête en bas.
- Les mains sont ancrées dans le sol et les doigts écartés. Le dos est long, les omoplates vers le sol et les épaules sont loin des oreilles. Les coudes sont légèrement pliés. La tête est dans le prolongement de la colonne vertébrale et le cou est détendu. Les fesses sont poussées vers le haut et les hanches s'éloignent le plus possible des épaules. Les jambes peuvent être légèrement fléchies.
- Le poids est uniformément réparti sur les mains et les pieds, qui sont dirigés vers l'avant du tapis, à la largeur des hanches et des épaules.
- Respirez et ressentez le rythme cardiaque qui ralentit, le bas du dos qui se détend, l'apaisement qui s'installe tranquillement.

LE CHAT-VACHE

- Depuis la posture du chien tête en bas, fléchissez les genoux et déposez-les au sol de façon à vous retrouver dans la posture du chat-vache.
- Assurez-vous que le bas du dos et les jambes fléchies forment un angle de 90° et moins, que les mains sont à la largeur des épaules et les genoux à la largeur des hanches.
- Inspirez, poussez dans les mains, rentrez la tête vers l'intérieur et arrondissez le dos.
- Expirez, retrouvez un dos droit, les épaules loin des oreilles, et dirigez le coccyx vers le nombril comme si la queue du chat voulait se faufiler entre ses jambes. Portez le regard vers le ciel.
- Alternez les deux postures et profitez de la séquence pour vous connecter à votre ressenti. Dans les différents étirements au niveau du haut et du bas du dos, n'hésitez pas à bouger en toute fluidité, en exécutant des mouvements circulaires de bassin et au niveau des épaules pour vous détendre entièrement.

L'ENFANT

- Depuis la posture du chat-vache, reculez les fesses vers les talons pour vous retrouver dans la posture de l'enfant.
- Ouvrez les jambes au besoin pour laisser davantage de place à l'abdomen.
- Déposez les bras le long du corps ou de chaque côté de la tête. Les épaules sont tournées vers l'extérieur. Les omoplates tirent vers le bas. Le bassin est relâché vers les talons et la tête vers le sol.
- Respirez et profitez de cette posture introspective pour relâcher les tensions et laisser aller toutes les pensées qui ne vous servent plus.

D'AUTRES FAÇONS DE S'APAISER PAR LE MOUVEMENT :

- marcher doucement en silence, en écoutant de la musique instrumentale ou un podcast ;
- s'étirer doucement ;
- pratiquer le yoga restaurateur ;
- danser de façon intuitive.

Retrouvez une séance de *breathwork* sur le site infusemagazine.ca !

Regardez profondément dans la nature et alors vous comprendrez tout beaucoup mieux.

– Albert Einstein

Le *earthing* (ou connexion à la terre)

Autrefois, la majorité des gens étaient davantage en contact avec la nature, vivant littéralement à son rythme. Le mode de vie actuel nous en éloigne ; nous sommes plus exposés aux radicaux libres, ce qui entraîne une diminution des électrons négatifs dans notre corps.

Le *earthing* (ou *grounding*) tente de combler ce manque par un contact prolongé avec l'énergie naturelle à la surface de la terre. Cette technique aurait des vertus telles que la diminution du stress et de l'anxiété, l'amélioration du sommeil et la réduction de l'inflammation et de la douleur.

Comment pratiquer le *earthing* ?

- Marcher à l'intérieur ou à l'extérieur pieds nus.
- Se détendre sur le sol à l'extérieur.
- Jardiner.
- Se baigner dans un lac.
- Toucher les arbres à mains nues.

L'ÉNERGIE DU SOLEIL

Saviez-vous qu'une simple exposition d'une quinzaine de minutes aux rayons du soleil est suffisante pour combler nos besoins quotidiens en vitamine D ? En effet, à l'instar des plantes que nous mangeons, nous puisons à même l'énergie du soleil. Marcher à l'extérieur est non seulement bon pour le corps et l'esprit, c'est essentiel à notre bien-être. Le soleil a ce pouvoir revigorant, surtout, il nous permet d'aller chercher la vitamine D dont notre corps a besoin.

Retrouvez différentes séances de mouvement sur le site infusemagazine.ca !

FAIRE CIRCULER L'ÉNERGIE

Le mouvement, c'est aussi la circulation de l'énergie dans le corps. L'ostéopathie fait partie de nos vies depuis plusieurs années. Cette pratique nous a appris, entre autres, l'importance de rester mobiles, et ce, pour notre bien-être global. Nous consultons toutes deux une ostéopathe plusieurs fois par année afin de prendre soin de notre corps et d'y créer de l'espace et du mouvement.

Selon le site Internet d'Ostéopathie Québec* : « L'ostéopathie est une approche manuelle dont l'objectif est de rétablir la fonctionnalité des structures et des systèmes du corps humain afin d'optimiser sa capacité d'autorégulation. Cette pratique est basée sur des connaissances approfondies des sciences de la santé et des interactions propres à l'équilibre de l'organisme. Grâce à une palpation fine et précise, une évaluation complète et globale permet d'investiguer la cause des dysfonctions neuro-musculo-squelettiques, viscérales et crâniennes. Chaque traitement ostéopathique est spécifique et individualisé. »

Les séances d'ostéopathie permettent non seulement de créer de l'espace dans le corps, mais aussi de soulager bien des maux et d'améliorer la fluidité du corps, en cohérence avec ses cycles naturels.

---

* https://www.osteopathiequebec.ca/fr/

L'IMPORTANCE DE FAIRE CIRCULER L'ÉNERGIE DANS LE CORPS

Par Lisa-Marie Farley, ostéopathe et fondatrice de Ode Wellness

Pour réveiller notre énergie, il faut réveiller notre corps ! Celui-ci possède un savoir profond (l'intuition) qui se manifeste physiquement, si on se laisse de l'espace pour l'écouter. Un jour, il peut nous communiquer qu'il a besoin d'un bain chaud, et un autre, d'une course en nature. Notre corps étant une manifestation physique de notre énergie, il peut servir d'interface puissante pour nous connecter, nous connaître et nous harmoniser.

En ostéopathie, on dit que les fascias, c'est la vie. Le système fascial dans le corps, c'est la connexion et la communication entre tous les systèmes (musculaire, hormonal, neurologique, digestif, respiratoire, etc.). C'est une énorme toile élastique en constante adaptation pour nous équilibrer et faire le lien entre notre monde intérieur et extérieur. Les fascias sont également remplis d'eau. Chaque fois que nous bougeons, nous permettons à cette eau de circuler et de nettoyer, comme une rivière au printemps. En stimulant le corps grâce au mouvement, nous nous offrons la possibilité de nous autoréguler, de renforcer nos pouvoirs naturels de guérison et de vitalité.

L'ayurveda, une des plus anciennes médecines holistiques du monde, considère que la première étape de la maladie est l'accumulation. Ça peut être l'accumulation de stress, de sucres, d'hormones, de toxines, de frustrations, de feu, etc. Les possibilités sont infinies.

L'accumulation est souvent le résultat d'une stagnation dans le corps. Tous les processus vitaux, les organes et les émotions demandent un certain type de circulation/mouvement pour fonctionner de façon optimale. Ce mouvement est très intimement relié à notre énergie vitale. Le simple fait de faire une promenade de 10 minutes et de mettre notre corps en mouvement apporte un renouveau d'énergie, une amélioration des marqueurs du système immunitaire, une paix de l'esprit, une meilleure santé cardiovasculaire et bien plus.

Faire bouger notre corps, c'est faire circuler notre énergie. Plus elle circule, plus elle augmente. Peu importent les ressources de temps et d'énergie, il est toujours possible de mettre notre corps en mouvement. Que ce soit en prenant cinq minutes pour pratiquer la respiration abdominale en conscience, faire une séance de yoga ou marcher en nature, nous en sortirons toujours gagnants et plus en harmonie.

Quelques pratiques qui permettent de faire circuler l'énergie et d'éveiller le corps :

- la marche ;
- le mouvement ;
- la méditation ;
- la respiration en conscience ;
- les massages.

En tant qu'êtres humains, nous sommes un tout interconnecté, et nous détenons toutes les ressources nécessaires dans notre corps, notre esprit et notre âme pour vivre en harmonie avec nous-mêmes et notre environnement.

LA PHILOSOPHIE DU YOGA

Virginie

À la suite du premier module de ma formation professorale en yoga, j'ai compris que le yoga, c'est beaucoup plus que des postures sur un tapis. En effet, durant ces 10 jours d'immersion, j'ai enfin réellement pu intégrer qu'en plus d'être mon outil premier pour gérer mon stress et me sentir bien dans mon corps, le mouvement est une façon de prendre soin de moi. Que c'est en étant douce et aimante envers moi-même et en délaissant mon besoin constant de performer que j'arriverais à atteindre ce sentiment de plénitude tant recherché.

Pour ma part, ce sont les yamas et les niyamas *qui ont su m'éclairer et m'aider à approfondir mon introspection sur ce que je voulais réellement dans la vie, ce qui me rendrait profondément heureuse.*

Les fondements du yoga

Le yoga est une philosophie de vie qui nous apprend à être plus doux envers nous-mêmes, à nous écouter et à nous recentrer, toujours dans le but d'atteindre le plus fréquemment possible cette harmonie corps-esprit.

LES *YAMAS*

Selon Patanjali, les *yamas* sont cinq règles d'or qui renvoient à l'éthique et à l'intégrité d'une personne et mettent l'accent sur sa façon de se comporter dans la vie de tous les jours :

1. *ahimsa* → être non violent (envers soi-même et son entourage) ;
2. *satya* → être honnête ;
3. *asteya* → ne pas voler ;
4. *brahmacharya* → canaliser son énergie ;
5. *aparigraha* → renoncer au désir de posséder quelque chose, éviter de s'attacher aux biens matériels et personnels.

LES *NIYAMAS*

Les *niyamas,* quant à elles, renvoient à la discipline personnelle et aux pratiques spirituelles ou, en d'autres mots, aux attitudes que l'on adopte envers soi-même :

1. *saucha* → la propreté ou l'hygiène ;
2. *santosha* → le contentement (ou garder une certaine paix d'esprit, peu importe ce qui nous arrive dans la vie !) ;
3. *tapas* → l'austérité spirituelle, les rituels ou les pratiques fréquentes qui permettent de développer une certaine discipline ;
4. *svadhyaya* → l'étude de soi, l'introspection ou l'observation de ses comportements et de ses motions ;
5. *ishvara pranidhana* → l'abandon universel ou le lâcher-prise.

Le yoga, c'est une philosophie complète et complexe que nous pouvons mettre en pratique en dehors des exercices sur le tapis. Le yoga est d'ailleurs LE mouvement de notre boîte à outils, puisqu'il se pratique simplement, qu'il convient à tous et peut autant apaiser qu'énergiser.

LE YOGA NIDRA, UNE SIESTE POUR L'ESPRIT

À première vue, le yoga nidra peut ressembler à une séance de méditation. Il nous invite à ressentir, étendus sur le sol, l'expérience de visualisation sous toutes ses formes et de vivre en symbiose avec notre environnement. Le yoga nidra nous plonge dans un état profond de relaxation consciente et nous permet enfin de révéler nos ressentis. On dit qu'il aide à accéder consciemment à l'inconscient.

La pratique du yoga nidra a plusieurs bienfaits:

- Elle diminue le stress, l'insomnie, l'anxiété et la fatigue;
- Elle calme l'agitation;
- Elle aide à gérer et à comprendre les problèmes personnels;
- Elle offre une relaxation profonde du corps et de l'esprit;
- Elle augmente le niveau d'énergie et la créativité.

Retrouvez deux séances de yoga nidra sur le site infusemagazine.ca !

Le mouvement, dans sa globalité, est au cœur même de la vie. Nous avons tous besoin de bouger, d'être en mouvement. Arriver à dissocier le mouvement et l'obligation de faire de l'exercice physique est très libérateur. Puis, se donner la chance de trouver le type de mouvement qui nous fait du bien, qui nous permet de nous délier est bénéfique pour le corps et l'esprit.

Osez essayer de nouvelles activités et sortir de vos habitudes et de votre zone de confort. Tentez d'analyser votre vision du mouvement et de la place que prend celui-ci dans votre vie. Réservez-vous du temps pour mouvoir votre corps dans l'espace, que ce soit en dansant, en préparant le souper ou en allant marcher. Libérez-vous de la pression sociale et de la performance associées au mouvement. Faites-le pour vous.

#MADOSEBIENETRE

OSER. FAIRE BOUGER SON CORPS POUR LE PLAISIR ET LE BIEN-ÊTRE QUE CELA PROCURE.

CHAPITRE 2

Créer de l'espace

Dans la société de (sur)consommation et d'instantanéité où nous vivons, nous ne prenons plus le temps de nous poser des questions, d'analyser, d'être curieux. Nous sommes souvent pris dans un tourbillon d'informations et une surabondance d'images.

À confondre constamment *faire*, *avoir* et *être*, nous finissons par nous y perdre. Il est difficile de ne pas vivre en constante comparaison avec les autres, c'est instinctif. L'être humain a toujours regardé ce que son voisin possédait, mais aujourd'hui, nous avons accès à la vie (souvent embellie) de gens que nous ne connaissons pas. Nous sommes constamment exposés à l'événement auquel nous aurions dû aller, au courriel auquel il aurait fallu répondre, à la photo que nous aurions dû poster pour alimenter nos réseaux sociaux. Toute cette abondance d'informations nous confronte à ce que nous n'avons pas et à ce que nous n'avons pas fait, et crée un perpétuel sentiment d'insatisfaction.

Nous voulons combler cette insatisfaction par la surconsommation, qui nous entraîne dans une roue sans fin : plus de biens, plus de travail pour payer ces biens, plus de temps passé à les ranger et à les entretenir, ce qui fait que nous avons moins de temps libre et que nous sommes souvent plus stressés. Tout cela vient encombrer notre esprit, notre quotidien.

Vous pouvez faire plus. Mais pouvez-vous faire moins ? Vous voulez ralentir, mais comment ?

Rappelez-vous qu'il n'y a pas de recette miracle, que c'est un processus qui peut prendre du temps. Que ce soit à travers des moments charnières dans votre parcours personnel, comme des séances de consultation chez un psychologue, des réflexions, des lectures, et dans notre cas, l'arrivée récente de nos bébés. La parentalité est venue consolider cette envie de prendre le temps afin de profiter de tous les petits instants, car ceux-ci ne reviendront pas.

Rappelez-vous aussi que *faire*, *avoir* et *être* sont trois mots bien différents, qu'on confond trop souvent.

Avant même de vouloir *faire*, posons-nous des questions et aspirons à vouloir *être*. Être présents, être conscients, être mieux et bien avec nous-mêmes et ceux qui nous entourent. Ensuite, nous serons dans de bien meilleures dispositions pour trouver des outils pour mener notre quête d'un état d'esprit détendu, de l'équilibre (ou du moins d'une meilleure gestion de nos déséquilibres), d'un quotidien organisé tout en fluidité.

REVOIR SES PRIORITÉS

Pour créer de l'espace dans notre tête et notre vie, il faut revoir nos priorités, repenser à nos actions. Plutôt que de vouloir faire – faire plus, faire mieux –, commençons par nous poser la question et déterminer pourquoi nous souhaitons nous porter à l'action. Par besoin de reconnaissance ? Pour satisfaire notre ego ? Parce que nous avons l'impression que c'est ce que l'on attend de nous ? Autant de questions à nous poser pour en arriver à nous prioriser.

SE PRIORISER, EN QUELQUES QUESTIONS

- Quelles sont mes priorités ?
- Suis-je vraiment heureux ?
- Quels sont mes passions, mes passe-temps ?
- Quand suis-je véritablement et profondément bien ?
- Mes actions vont-elles dans le sens de mes priorités ?

Il est important de bien définir nos priorités pour ne pas nous oublier. Si nous ne prenons pas soin de nous-mêmes, de notre bien-être, personne ne le fera. Définir nos priorités nous permettra ensuite de créer de l'espace là où ça compte réellement.

L'importance de créer de l'espace

Dans le premier chapitre, nous avons abordé l'importance de nous mettre en mouvement. Bouger, c'est avant tout créer de l'espace dans le corps. Un corps tendu est douloureux et moins fluide. Pour nous, il en va de même pour un esprit tendu, surchargé, stressé. Le mouvement nous permet de délier notre corps, de faire de la place pour nos organes, notre respiration, notre nourriture.

Dans ce deuxième chapitre, nous explorons l'importance de créer de l'espace dans notre tête afin de la rendre plus légère et efficace.

Un esprit tendu et surchargé n'offre plus d'espace pour ce qui compte réellement à nos yeux.

Nous devons libérer de la place pour l'improvisation, la légèreté, la joie, le jeu...

Beaucoup de déséquilibres proviennent d'un esprit surchargé. Car une tête pleine entraîne des répercussions dans plusieurs sphères de la vie, et parfois même des maux physiques.

Créer de l'espace tant dans l'écosystème intérieur qu'extérieur est primordial au bien-être. Que ce soit par le mouvement pour créer de l'espace dans le corps, par l'organisation pour éclaircir un esprit engourdi ou étourdi ou par la parole pour alléger son ressenti.

Virginie

Un trop-plein, tant personnel que professionnel, a tendance à me donner « mal au ventre » ; ma digestion et le bon fonctionnement de mon diaphragme se font alors beaucoup moins fluidement.

J'ai longtemps cru que mon alimentation était la cause de mes nombreux inconforts intestinaux, mais j'ai réalisé avec les années que mes maux de ventre étaient plutôt le résultat d'une déconnexion, voire d'une mauvaise gestion de mes émotions, d'un état de stress, d'hypersensibilité, de fatigue ou d'anxiété prononcé.

Aujourd'hui, plutôt que de vouloir contrôler ce que je mange, j'ai appris à mieux respirer et à nommer, à identifier et à canaliser mes émotions par l'introspection et la discussion.

Est-ce que c'est parfait ? Non. Est-ce qu'il y a encore des excès ? Oui. Cela dit, je suis aujourd'hui consciente de mes agissements, et plutôt que de vouloir anesthésier mes émotions, je tente de les considérer, de mieux les comprendre et de rééquilibrer « ma tarte de vie » au besoin.

L'organisation est à la tête
ce que le mouvement
est au corps.

– Sarah Fortin

Sarah

Cela fait déjà plusieurs années que je vis avec des douleurs physiques chroniques non expliquées par les tests médicaux : inflammation, raideurs, tensions, fatigue. J'ai commencé à ressentir des douleurs de façon graduelle. Assise à l'ordinateur plusieurs heures d'affilée et d'une façon peu ergonomique, je bougeais aussi très peu et j'étais plutôt stressée. Au fil des ans, j'ai remarqué un lien entre mes douleurs et mes épisodes de stress. Lorsque je suis stressée, mon esprit est beaucoup plus tendu, je ressens une sensation de trop-plein : trop de tâches, trop de responsabilités. Je n'ai plus de place pour ce qui me nourrit, ce qui m'apaise et me fait du bien. Apprendre à faire de la place, tant dans mon corps que dans ma tête, a été une véritable révélation. Cela m'a permis d'apaiser certains de mes maux et de mieux les gérer au quotidien.

Un esprit surchargé engendre du stress et le stress surcharge le cerveau. C'est le paradoxe de l'œuf et de la poule. Isabelle Soucy, psychologue clinicienne, illustre dans l'entrevue qui suit les effets du stress chronique sur le corps et l'esprit.

LES EFFETS DU STRESS SUR LE CORPS ET L'ESPRIT

Entrevue avec la Dre Isabelle Soucy, psychologue clinicienne et autrice

Qu'est-ce que le stress aigu ?

Vous êtes engagé dans une conversation téléphonique. Un enfant dont vous avez la charge s'approche périlleusement du rebord de la piscine, attiré par un objet flottant. La panique s'empare de vous. Votre abdomen se contracte à vous couper le souffle. Votre cœur bat à tout rompre. Votre attention converge vers l'enfant et plus rien d'autre n'existe. Vous vous propulsez vers lui à temps pour l'empêcher de culbuter dans l'eau.

Votre organisme vient d'enclencher une réaction de stress aigu en activant une composante de votre système nerveux autonome, nommée le « système nerveux sympathique ». Une série de neurotransmetteurs et d'hormones liés au stress est sécrétée, comme l'adrénaline, la noradrénaline, la dopamine, l'acétylcholine, le cortisol, etc. Le corps conspire afin que vous soyez prêt à réagir (réactions de combat, fuite ou paralysie).

Que se passe-t-il ensuite ?

L'enfant s'amuse maintenant paisiblement à colorier à vos côtés. Votre fébrilité intérieure s'apaise. Les tensions physiques s'atténuent. Vous retrouvez graduellement un état de calme et un esprit clair grâce aux procédés d'homéostasie, soit la capacité de l'organisme à recouvrer l'équilibre à la suite de perturbations provoquant des déséquilibres. Le « système nerveux parasympathique » prend le relais, lequel est responsable des fonctions de repos et de récupération : digestion et élimination, détente, réparation des tissus, sommeil, croissance, fonctionnement optimal du système immunitaire, etc.

Si le stress est aussi nocif, peut-il être utile ?

Nous avons hérité de nos ancêtres préhistoriques cette mécanique physiologique, qui nous a permis de survivre en tant qu'espèce. Cela nous sert à réagir aux sources potentielles de danger et à détecter les menaces. Par ailleurs, un certain niveau d'activation de notre système nerveux est requis pour fonctionner au quotidien. Qui ne s'est pas déjà senti plus efficace et productif en étant contraint dans le temps ? Le stress nous procure de l'énergie, une pensée parfois plus aiguisée et la motivation de persévérer dans une tâche. Tout est une question de dosage et d'équilibre. Après de telles périodes de suractivation, notre organisme requiert du repos pour retrouver l'homéostasie.

Qu'est-ce que le stress chronique ?

Certaines circonstances de vie entravent cet idéal de dosage et d'équilibre, en sollicitant l'organisme sur une durée prolongée. Bien que notre système soit fait pour absorber une certaine charge de stress circonscrite dans le temps, il est peu adapté à vivre dans un état de tension à long terme. Prenez la métaphore de la course à pied. La plupart d'entre nous peuvent tolérer une période de sprint, variable d'une personne à l'autre. Si ce sprint est suivi de repos, le corps et l'esprit récupéreront adéquatement. Cependant, aucun corps ne peut soutenir un ultra-marathon échelonné sur des années, sans souffrir des dommages, physiques et psychologiques. Lorsque les sources de stress sont multiples et que celui-ci s'installe dans le temps, l'organisme finit par succomber aux effets du « stress chronique ». Il s'épuise et se modifie du mieux qu'il peut pour s'adapter. Un état de fatigue persiste, sans que nous puissions réellement récupérer, malgré de longues nuits de sommeil. Nous pouvons souffrir d'insomnie, de troubles digestifs et gastriques, de tensions physiques ou même de douleurs chroniques. L'humeur devient teintée de déprime, d'impuissance, d'irritabilité ou de découragement. Nous éprouvons des difficultés de concentration et des troubles de mémoire, et pouvons constater des dérèglements sur le plan hormonal. Nos réactions comportementales peuvent trancher avec la version de nous-mêmes que nous souhaiterions incarner, et être teintées d'impulsivité, d'impatience, d'intolérance, de démotivation, de cynisme, de désengagement et d'agressivité. Certaines personnes consommeront davantage : alcool, médicaments, drogues, achats compulsifs, jeu pathologique, sexualité, nourriture. L'appétit augmente en raison du dérèglement des hormones de satiété, et certains emmagasinent de la graisse, plus particulièrement au niveau de l'abdomen. Nous sommes plus vulnérables aux virus en circulation, notre système immunitaire étant compromis. Nous pourrions même être affligés de réactions inflammatoires ou observer l'apparition d'éruptions cutanées.

Devrions-nous apprendre à vivre sans stress ?

Il est futile d'aspirer à une vie sans stress. Nous pouvons toutefois apprendre à naviguer avec les turbulences de la vie en incorporant des moments de décompression, de ralentissement, de repos et en nous centrant dans l'instant présent. Apprenons à insérer des moments d'équilibre dans les multiples déséquilibres du quotidien.

Toujours faire plus

On vit dans une société qui prône l'action, les résultats, la performance. On nous demande de faire plus, toujours plus. Cela nous valorise. Penser à ralentir nous fait peur parce qu'on nous a fait croire que nous deviendrions inutiles ou moins valables. Mais quel prix paierons-nous si nous dépassons constamment nos limites ?

Être constamment occupé, voire surchargé, est à la mode de nos jours. Avez-vous déjà entendu quelqu'un mentionner qu'il n'était pas disponible parce qu'il avait tout simplement envie de prendre ça relax ? Pas souvent. On dirait que nous devons constamment mentionner que nous n'avons pas le temps, qu'il n'y a que 24 heures dans une journée, que nous travaillons 45 heures par semaine et que nous n'avons pas une minute pour souffler. Et tout cela est socialement accepté et même valorisé, notamment au travail.

Le besoin d'en faire plus

D'où vient ce besoin de toujours en faire plus ?

Nous croyons que plusieurs aspects peuvent être mis en scène ici, mais le rôle de l'ego est possiblement le plus important. Il est la conscience que nous avons de nous-mêmes, la représentation que nous nous faisons de nous-mêmes (de notre personnalité, de notre valeur, de nos compétences, entre autres).

> L'ego est le résultat d'une activité mentale qui crée et maintient en vie une entité imaginaire dans notre esprit.
>
> – Han F. de Wit

L'ego doit exister, car c'est ainsi que les humains peuvent se définir. L'envers de la médaille, c'est que l'ego aime se comparer, se sentir valorisé et aimé, être mis en valeur.

L'ego se forge au fil des expériences que nous vivons et de l'interprétation que nous en faisons. Il peut être source d'épanouissement, mais aussi de barrières que nous nous imposons, soit par manque d'estime de soi ou par peur de l'échec. Ainsi, un individu peut avoir un ego démesuré : *Je suis le meilleur et un être exceptionnel !* ou diminué : *Je suis un bon à rien.*

Le besoin d'en faire plus, d'être plus productifs vient probablement du fait que nous sommes dans une société de l'image, qui valorise énormément le *faire* (souvent au profit du *être*).

Faire plus. Toujours plus. Avoir plus. Toujours plus.

Cette valorisation du *faire* pour satisfaire notre ego mène souvent à l'anxiété ou au stress de performance. Dans une société où la réussite individuelle est au cœur de tout, nous nous mettons une pression énorme pour tout faire et tout réussir. La carrière est probablement la sphère de notre vie qui est la plus impliquée dans cette glorification de la surcharge.

LE TEMPS DE TRAVAIL ET L'INDICE DE BONHEUR

Au milieu du XXe siècle, nous avons vu l'arrivée de la technologie comme un facteur qui réduirait le temps de travail et augmenterait les temps libres. Au XXIe siècle, la technologie a non seulement augmenté les heures de disponibilité au travail (on reçoit des courriels et des textos 24 heures/24 et 7 jours/7), mais a contribué à la croissance de l'anxiété au sein des sociétés modernes.

Nous ressentons constamment un besoin d'être productifs, de répondre à ces courriels et à ces demandes qui entrent à toute heure. Nous sommes maintenant joignables à la maison, les fins de semaine et les soirs de semaine. Cette impression de devoir accomplir des tâches peut venir activer certaines programmations puisque nous sommes habitués à être valorisés par le travail.

Travailler plus n'est pas synonyme d'efficacité. Au contraire. Et ce rythme effréné peut être difficile à maintenir à long terme pour la tête et le corps.

> « Quand on reste assis trop longtemps à son bureau à la recherche de concentration, on finit par être de moins en moins productif. La majeure partie des gens qui travaillent de 12 à 14 heures par jour travaillent très, très lentement. Dans la première moitié de la journée, on travaille bien, mais dans la deuxième, on devient très, très distrait. »
>
> – Katrina Onstad, *Où est passé mon week-end ?*

Heureusement, plusieurs mouvements prennent de l'essor depuis quelques années. Pensons notamment au minimalisme, qui met l'accent sur le *less is more* : moins de choses, plus de temps, plus de liberté. Marie Kondo, dans le même ordre d'idées, prône le fait d'avoir moins de produits, de bien les ranger et, surtout, de ne conserver que ceux qui nous procurent de la joie. La gratitude au quotidien, quant à elle, nous enseigne à estimer ce que nous avons au lieu d'être constamment à la recherche du bonheur, qui, étrangement, se trouve toujours plus loin. Nous pouvons aussi nommer le *slow living*, une philosophie regroupant toutes les sphères de la vie, qui conseille de ralentir en toute simplicité, et le *hygge*, qui met de l'avant les moments passés en bonne compagnie, la chaleur, le réconfort et le *cocooning*.

Alors, pourquoi ne pas arrêter la glorification de cet état de course constante ? Pourquoi ne pas travailler à être tout simplement bien, ici et maintenant, à boire notre café, en jouant avec bébé ou en soupant en bonne compagnie ? Ce sont là des questions auxquelles nous réfléchissons souvent et qui demandent un travail de déprogrammation constant.

Quelques gestes aidants

Dans une société où performance, rapidité et surcharge sont synonymes de réussite, pourquoi ne pas réapprendre (car oui, c'est un apprentissage !) et se reprogrammer à vivre pleinement l'instant présent, avec des horaires réalistes et, surtout, qui nous conviennent ?

Voici cinq choses à faire, dès maintenant, pour apaiser notre esprit compétitif (ou notre ego) :

1. Arrêter de se comparer. Que ce soit dans la vie ou sur les réseaux sociaux, il faut arrêter de se comparer aux autres. Par exemple, il ne faut pas hésiter à se désabonner des comptes qui ne nous font pas de bien (nous reviendrons sur ce sujet au chapitre 5) ;
2. Méditer. Mettre des périodes de méditation à l'horaire permet de prendre cette pause pour soi. Ces périodes peuvent être aussi courtes que deux minutes par séance ;

Retrouvez plusieurs méditations guidées sur les thèmes de la gestion du stress, du laisser-aller et de la gestion de la douleur sur le site infusemagazine.ca !

3. Faire l'exercice de la tarte de vie. Ainsi, vous pourrez analyser quelles sphères de vie pourraient être plus ou moins représentées (rendez-vous à la page 14) ;
4. Se recentrer dans l'ici et maintenant régulièrement ;
5. Faire des choix alignés sur soi. Être authentique envers soi-même libère d'un poids immense. Ce n'est pas facile d'affirmer certaines choses qui ne sont pas socialement valorisées, mais lorsque l'on apprend à vivre en fonction de ses valeurs, de sa personnalité, de ses forces et de ses limitations, on commence à être plus aligné, à faire passer le *être* avant le *faire*.

EXERCICE POUR SE RECENTRER INSTANTANÉMENT

- Nommez trois choses que vous voyez.
- Nommez deux choses que vous sentez.
- Nommez une chose que vous entendez.
- Inspirez pendant six secondes et expirez pendant six secondes, et ce, trois fois de suite.

FAIRE MOINS POUR ÊTRE PLUS

Quand nous créons de l'espace dans nos vies en ralentissant, nous nous rendons compte que nous n'en faisons pas moins, mais que nous faisons mieux.

Voici quelques gestes qui permettent de privilégier le *être* plutôt que le *faire* :

- Savourer ses temps libres au lieu d'essayer d'accomplir une tâche de plus ;
- Diminuer son temps d'écran ;
- Faire plus hors écran (lire, écrire, écouter de la musique ou des podcasts) ;
- Prendre le temps de s'arrêter, de contempler, de respirer ;
- Analyser son besoin de faire quelque chose. Est-ce un vrai besoin, une vraie requête ? Se demander si la pulsion que l'on ressent est le résultat d'une programmation ;
- Rester loin du cellulaire lorsque l'on attend (dans l'autobus, en file d'attente, avant un rendez-vous) et observer son ressenti.

Les bienfaits de l'ennui

Suis-moi, je te fuis ; fuis-moi, je te suis. On fait tout pour éviter l'ennui. Surtout dans nos sociétés modernes où nous sommes sans cesse sollicités. Dans ce monde où nous avons peur de manquer quelque chose, où la FOMO (*fear of missing out*) règne, l'ennui n'est pas le bienvenu.

Permettez-vous l'ennui et l'inaction. Dans ces moments, analysez vos réflexes. Que faites-vous lorsque vous êtes en attente, que vous n'êtes pas dans l'action ? Vous sortez votre cellulaire et faites défiler votre fil d'actualité ? Vous n'êtes pas seul. Nous sommes tous coupables de cette recherche constante de stimuli.

Pourtant, il y a de nombreux bienfaits à l'ennui loin de tout stimulus. La créativité s'en nourrit, et de l'ennui peuvent émerger de merveilleuses choses. Chez les enfants, on encourage les périodes d'ennui, qui se terminent souvent par la création, l'invention d'un nouveau jeu, d'une nouvelle activité.

Lorsque l'on s'ennuie, notre cerveau s'active, mais d'une tout autre façon qu'à l'habitude. Il se met en mode création, résolution de problèmes. Bref, il est stimulé. Pensons aux artistes qui s'isolent pour peindre, écrire ou composer. Dans leur bulle d'ennui, ils peuvent créer. Les idées ont l'espace pour émerger, hors des stimuli habituels.

Apprivoiser l'inaction

Doucement, lorsque vous vous sentirez prêt, vous pourrez tenter d'apprivoiser l'inaction. L'inaction et l'impression de ne rien faire sont très bénéfiques lorsque nous sommes en état de surcharge.

EXERCICE DE PLEINE CONSCIENCE POUR APPRIVOISER L'INACTION

1. Dans un endroit paisible, résistez à la tentation de faire quoi que ce soit.
2. Identifiez les émotions qui naissent en vous.
3. Écoutez-les. Apprivoisez-les.
4. Recommencez cet exercice aussi souvent que possible et remarquez la créativité et les idées qui naissent de ces moments d'inaction.

N'oubliez pas que votre esprit fonctionne et travaille fort, même si vous avez l'impression de ne rien faire. C'est la magie de l'ennui !

Retrouvez une méditation guidée pour apprivoiser l'inaction sur le site infusemagazine.ca !

Sarah

L'inaction est quelque chose d'extrêmement inconfortable pour moi. Ayant toujours été valorisée dans mes aptitudes à faire, à accomplir, j'ai encore aujourd'hui de grosses difficultés à « ne rien faire ». Je dois me sentir utile à quelqu'un ou à quelque chose. J'aime accomplir des choses, et plus la tâche est importante, plus je me sens valorisée par celle-ci. Comprendre mes limites, accepter de partir en vacances, dire que je ne suis pas disponible est très ardu. Mes séances de thérapie m'ont appris à identifier les programmations qui me poussent dans cette direction. C'est un travail constant, qui demande de l'humilité et de la patience. Créer de l'espace dans sa tête implique aussi de se laisser du temps, des trous dans l'horaire. Tout changement d'habitude demande des efforts et une période d'adaptation et d'inconfort. La beauté d'apprendre à vivre avec ses déséquilibres, c'est d'apprivoiser avec fluidité les nombreux changements et bouleversements qui viennent ébranler son confort.

Puisque créer de l'espace nécessite souvent que l'on s'adapte et que l'on change quelques habitudes, nous avons fait appel à Myriam Leclerc, ergothérapeute, pour expliquer le processus de changement et ce qui peut venir interférer avec celui-ci. Comment faire pour intégrer ou créer une nouvelle habitude, ou pour modifier une routine de vie ? Quels outils peuvent être utiles ?

CHANGER, UNE HABITUDE À LA FOIS

◆ *Par Myriam Leclerc, ergothérapeute* ◆

Créer de l'espace, c'est redéfinir ses objectifs, faire des choix et opérer les changements qui s'imposent pour orienter ses actions vers un but significatif. Lorsque l'on souhaite changer une habitude ou un comportement, plusieurs éléments gravitent autour du changement et deviennent des facilitateurs dans cette démarche. Il y a les facilitateurs que l'on voit, et ceux que l'on ne soupçonne pas, et il y a surtout une multitude d'interactions entre eux qui rendent le changement plus facile, plus naturel et durable dans le temps.

Pour parvenir à intégrer une nouvelle habitude à notre routine de vie, il faut passer à travers tout un processus fait d'essais, d'erreurs et de réflexions conscientes. La **préparation** est une étape cruciale, car elle permet de réfléchir aux objectifs visés, aux étapes pour y arriver et à la planification des récompenses qui vont reconnaître l'effort investi. Réfléchir à son plan d'action et le redéfinir au besoin en cas d'obstacle est un effort conscient incontournable. Par la suite, l'élément-clé du changement est de se connecter avec **les motivations profondes** qui ont mené à cette démarche. Il faut prendre soin quotidiennement de ces motivations et les faire grandir. C'est en visualisant ses rêves, son futur souhaité, en le connectant à ses valeurs personnelles et en détaillant les bienfaits ou les conséquences positives de ces changements que l'on trouve la force pour garder le cap sur les objectifs établis. Rien ne sert de se projeter trop loin ou d'identifier des buts hors d'atteinte, car la motivation serait alors teintée d'un sentiment d'incompétence à atteindre l'objectif. Il vaut mieux se fixer des objectifs faciles à atteindre au début, car se sentir capable d'y parvenir est vraiment essentiel dans une telle démarche. Et comme la motivation et l'action sont étroitement liées, **passer à l'action** à travers des micro-étapes peut aider sur bien des plans. En général, ce qui est facile est plus aisé à intégrer, et surtout plus motivant. Pour cette raison, il faut bâtir sa compétence devant le changement. On y arrive par divers outils comme des formations, des lectures, en s'entourant d'alliés et d'experts qui vont aider à acquérir les compétences nécessaires. Bien sûr, c'est aussi en répétant et en pratiquant encore et encore que la nouvelle habitude deviendra naturelle et facile.

L'environnement dans lequel on se trouve constitue un renfort important pour soutenir le changement. Plusieurs ressources autour de soi peuvent servir à structurer la transition. Il peut s'agir d'outils, d'un support technologique, de rappels visuels concernant ses motivations (images) ou temporels (alarmes) pour se mettre en action régulièrement. L'organisation du temps et de l'espace de vie joue également un rôle indispensable.

Plus que tout, il faut garder en tête que le changement est un processus et qu'absolument rien n'est instantané. Avant que cette habitude devienne partie intégrante de la routine, il y aura des réussites et des rechutes. Et, exactement comme si l'on accompagnait un de ses proches dans la même démarche, la bienveillance envers soi-même est précieuse et essentielle. Planifier à l'avance comment gérer les rechutes permet de réagir plus rapidement la prochaine fois et de se sentir moins affecté. Après tout, les zones d'ombre ne sont que l'occasion d'aller au-delà, d'aller encore plus loin et de rendre l'improbable possible !

Référence : Annik Jobin, *Mieux comprendre un processus de changement d'habitude*, IFCQ (Institut de formation continue du Québec), 2016.

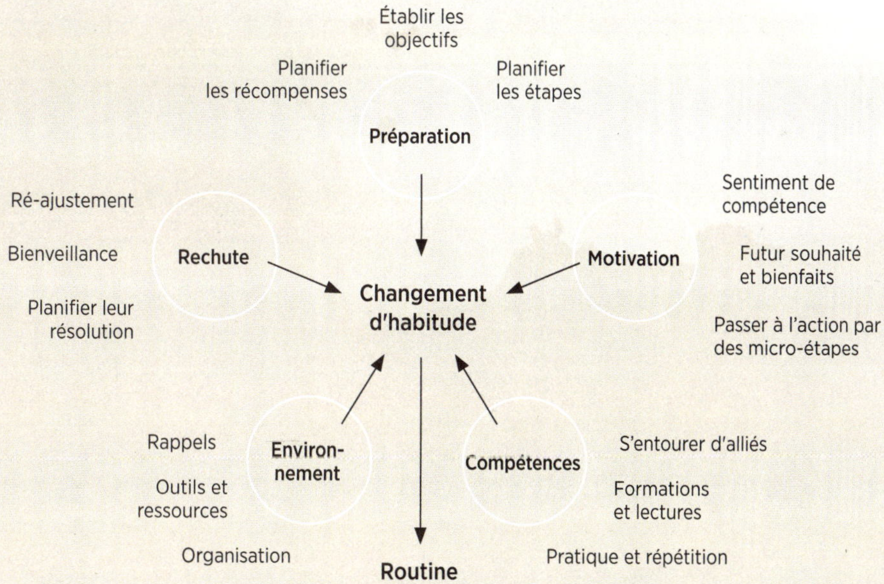

Tableau adapté du modèle transthéorique de changement, Prochaska et Di Clemente (1982).

S'aider de ressources et d'outils adaptés est la clé pour créer de l'espace dans sa tête. L'organisation sous toutes ses formes permet de diminuer la charge mentale et d'augmenter l'efficacité !

S'ORGANISER POUR CRÉER DE L'ESPACE

On aime dire que ralentir ne signifie pas en faire moins, mais plutôt se concentrer davantage sur ce qui compte réellement. Et selon nous, la meilleure façon de créer de l'espace dans la tête et l'horaire est de bien s'organiser.

L'organisation, c'est plus que des méthodes rigides et des *to-do lists* (listes de choses à faire). L'organisation, c'est une façon de penser son horaire et de disposer de son temps en fonction de sa personnalité et de certains outils adaptés à celle-ci.

Avant de vous lancer dans l'élaboration d'un horaire compliqué, répondez aux questions suivantes, qui vous aideront à mieux vous organiser :

- Suis-je davantage productif le matin, l'après-midi ou le soir ?
- Comment suis-je lorsque je dois respecter un échéancier ? Éparpillé ? Concentré ? Motivé ? Figé ?
- La qualité de mon sommeil affecte-t-elle ma concentration ?
- Ai-je du temps pour me délier le corps et bouger dans la journée ?
- Ai-je toujours l'impression de manquer de temps ?
- Quelles sont les ressources qui peuvent m'aider (gardienne, télétravail, horaire flexible, répartition des tâches, etc.) ?

Ces questions (et leurs réponses) permettent de mettre en évidence certains déséquilibres, qu'ils soient légers (comme un manque d'activité physique ou de sommeil) ou plus importants (qui demandent de repenser tout le réseau de soutien).

Il est possible d'être efficace et productif sans se surcharger. Il suffit de savoir comment le faire et d'avoir les bons outils.

Voici quelques bonnes pratiques et outils efficaces pour faciliter l'organisation :

- Commencer sa journée en regardant son horaire ou les obligations du jour ;
- Se concentrer sur quelques priorités ;
- Établir une routine adaptée ;
- S'aider d'outils d'organisation (cahiers de notes, calendrier, agenda papier ou Web, etc.) ;
- Classer ses documents et ses courriels.

Pour éviter les oublis, les pertes de temps et les débordements :

- Prévoir son temps et son agenda chaque semaine ;
- Estimer (sans sous-estimer) la durée des tâches à l'agenda ;
- Noter tous les rendez-vous, et non pas uniquement les rencontres et les réunions.

Retrouvez une tonne de conseils et d'outils sur l'organisation sur le site infusemagazine.ca !

Soyez productif,
pas occupé !

– Tim Ferris (traduction libre)

Être efficace, sans se surcharger

Avoir de bons outils et disposer de plus d'espace mental permet d'être plus organisé, plus efficace, plus productif, et ce, sans nécessairement se sentir surchargé. Voici quelques petits gestes qu'il est possible de faire pour diminuer le stress et augmenter son efficacité. Il y en a beaucoup d'autres ! L'important est de trouver les méthodes qui fonctionnent pour vous.

PRÉVOIR SES PÉRIODES DE PLANIFICATION

Ce n'est pas nouveau, et vous l'avez probablement entendu à maintes reprises : être organisé aide grandement à la productivité et à l'efficacité. Commencez donc chaque semaine avec une période de planification. Regardez votre agenda : que voyez-vous ? Quels sont vos rendez-vous, rencontres, remises de travaux, présentations ou autres obligations ?

Une vue d'ensemble de la semaine vous permettra de planifier des blocs de temps réalistes en amont, pour chaque activité, et d'arriver fin prêt sans stresser. La liste des choses à faire est immense et vous avez peur de manquer de temps ? Priorisez les tâches par ordre d'importance, déléguez, dites non ; les solutions sont là. Plus votre horaire sera organisé, plus vous serez productif et aurez de la place pour faire face aux imprévus.

PLANIFIER SELON SA PERSONNALITÉ

Bien se connaître est important dans toutes les sphères de la vie, mais planifier ses journées en fonction de sa personnalité, c'est super efficace ! Êtes-vous du type lève-tôt ou couche-tard ? Êtes-vous plus dynamique et énergisé en matinée, en après-midi ou en soirée ? L'important, c'est de s'analyser et de trouver les moments où l'on est le plus productif, énergisé, motivé. Il y a un moment pour chacun, dans la journée, où l'efficacité est supérieure. Bien cibler ces périodes vous permettra de répartir vos tâches de la journée (tâches plus difficiles ou moins motivantes lorsque vous êtes plein d'énergie, et vice-versa). Parlant de tâches déplaisantes, tentez d'en effectuer au moins une en début de journée. Cela vous donnera un sentiment de devoir accompli tôt en journée et vous libérera l'esprit pour d'autres tâches. Vous pouvez également prévoir de terminer la journée avec une tâche agréable, ou une activité ou un loisir qui vous plaît vraiment.

DIVISER LES TÂCHES COMPLEXES EN SOUS-TÂCHES

Nous connaissons tous ces fameuses tâches qui semblent interminables. Que ce soit la rédaction d'un travail universitaire de 25 pages, une proposition de partenariat à préparer pour un client ou les brassées de lavage qui n'en finissent plus, il est possible de les subdiviser. En s'y prenant à l'avance (bien sûr !), on peut répartir la tâche en plusieurs segments plus courts et sur plusieurs jours, voire des semaines. Vous pourrez donc l'accomplir sans stress et sans perte de motivation (communément appelée « écœurantite aiguëe »).

CUISINER À L'AVANCE : LA SOLUTION !

La *food prep* (ou *meal prep*) du dimanche, un essentiel ! Cette technique permet de préparer ses repas, ou quelques éléments de repas, à l'avance. Le principe est simple : en préparant vos repas ou certaines étapes à l'avance, durant la fin de semaine, vous gagnerez du temps et pourrez ainsi manger de bons repas et collations toute la semaine, et ce, sans courir à l'heure des repas.

Les dimanches, nous préparons souvent :

- un potage ou une soupe ;
- des légumes grillés ;
- des crudités ;
- des muffins, des galettes ou des boules d'énergie ;
- des poudings de chia ou du gruau de type *overnight* ;
- des purées pour bébés.

Plus vous disposerez de temps
pour réaliser une tâche,
plus vous aurez tendance
à utiliser pleinement ce temps.

– La loi de Parkinson

ÉVITER LES DISTRACTIONS

Eh oui ! On l'entend souvent également, mais les courriels, Facebook et autres comptes de médias sociaux, les textos, Netflix, etc., font dévier notre attention inutilement. Ils distraient notre cerveau de la tâche en cours, et celui-ci doit se concentrer à nouveau sur une nouvelle tâche. Il y a ainsi plusieurs pertes de temps lorsque nous faisons continuellement l'aller-retour entre travail et distractions, puisque le cerveau doit continuellement s'adapter à la « nouvelle tâche ». Vous verrez, en éteignant vos notifications de courriels et de cellulaire lorsque vous travaillez, que vous accomplirez vos tâches beaucoup plus facilement et, surtout, rapidement.

METTRE DES PAUSES À L'AGENDA

Lorsque votre journée est planifiée et que vos tâches à accomplir sont bien définies, il est important de bien utiliser le temps mis à votre disposition dans leur réalisation. Il est donc crucial de vous fixer des limites. Par exemple, il vous faut quatre heures pour faire votre comptabilité mensuelle ? Prévoyez une matinée complète pour la réalisation de celle-ci, y compris quelques pauses pour vous étirer, prendre une gorgée d'eau et regarder au loin.

Même si vous ajoutez des pauses, il faut éviter à tout prix la procrastination ! Il est si facile de reporter des tâches moins pressantes et moins agréables. Cependant, en respectant vos listes de tâches, vous arriverez à bien gérer votre temps sans avoir l'impression d'être à la course. Aidez-vous en faisant une liste de vos tâches en début de journée.

LE 20-20-20

Connaissez-vous la règle du 20-20-20 pour la santé des yeux ? Il s'agit de regarder à 20 pieds de distance toutes les 20 minutes pendant 20 secondes. Cet exercice diminue grandement la fatigue oculaire et les maux de tête (si vous en avez), et aide à la concentration !

ÉVITER DE SURPLANIFIER

La rigidité d'un horaire trop précis pourrait être, elle aussi, source de stress. La fluidité est souhaitable lorsque l'on souhaite créer de l'espace. Favoriser la souplesse dans votre horaire vous évitera d'être stressé lorsque des imprévus surviendront (et il y en aura !).

Sarah

Si, pendant la majeure partie de ma vie, j'ai été rigide dans mon organisation, j'ai appris dans les dernières années que la rigidité n'est pas la solution. L'organisation doit être souple. D'ailleurs, je me souviens d'avoir lu quelque part qu'un objet rigide casse sous la pression, alors qu'un objet souple plie. J'aime avoir cette image en tête pour me représenter l'importance de la souplesse et de la fluidité. Rien n'est plus sécurisant que d'évoluer dans un cadre bien défini, mais qui laisse la place aux imprévus. C'est un travail constant et mes vieux patterns de rigidité reviennent souvent en période de stress ou d'inconfort, mais je peux maintenant les reconnaître, les accepter et me reconnecter pour mieux les vivre.

Virginie

Étant de nature créative, spontanée et éparpillée, je découvre depuis quelques années les bienfaits apaisants de l'organisation. En effet, même si j'ai encore aujourd'hui souvent l'impression de ne pas bien gérer les priorités, de facilement m'évader dans mes idées, j'apprends à mieux m'organiser, à être plus structurée.

D'une part, ça me permet de me sentir plus en contrôle et moins dépassée par les événements. D'autre part, j'ai l'impression d'avoir plus de temps. Ou, du moins, que mon temps est mieux investi.

Côtoyer Sarah et me familiariser avec les exercices proposés dans son eBook m'ont grandement aidée. En effet, j'ai l'impression de me comprendre et de me connaître un peu mieux depuis que j'analyse davantage le temps que j'investis ici et là. Je m'attrape dans mes pensées et suis plus consciente que mon rythme de décision est lent. Lorsque je sens que je dois prendre une décision rapidement, je fige et ça me donne le vertige.

Du coup, j'essaie de prévoir les choses de plus en plus à l'avance pour éviter d'être mise devant le fait accompli et de devoir réagir, décider ou me prononcer rapidement.

Un des conseils de Sarah qui a littéralement changé ma vie, c'est de TOUT noter dans mon agenda virtuel (Google Calendar), tant les choses et les tâches à faire professionnellement que celles de la vie familiale. J'y inscris aussi des moments pour moi (même quelques minutes par jour). Tout voir au même endroit me permet de planifier, de gérer et de ne rien oublier, et ce, au mieux de mes capacités.

Pour créer de l'espace dans sa tête, son corps, son cœur ou son environnement, il faut être en mesure de se reconnecter à soi, de regarder à l'intérieur. Les exercices proposés aux pages 14 (La tarte de vie), 61 (Exercice pour se recentrer instantanément) et 62 (Exercice de pleine conscience pour apprivoiser l'inaction) partagent cet objectif de reconnexion. La connaissance de soi est la clé qui permet de se créer une boîte à outils à son image, qui sera utile en période de déséquilibre.

Quelques conseils en matière d'outils organisationnels

1. Utiliser un seul agenda, idéalement sur le Web (de type Google Calendar). Aujourd'hui, il est tellement plus simple de déplacer une tâche, de la partager avec des collègues et de prendre des notes avec un agenda électronique.
2. Utiliser deux cahiers de notes maximum : un pour la prise de notes générale et un autre pour le *brainstorming* ou les jets créatifs. Plus de cahiers éparpilleraient les pensées.
3. Les Post-it et les feuilles mobiles (non classées) sont à utiliser le moins possible ! En effet, ils ne doivent pas servir pour faire des listes de tâches ou prendre des notes importantes, mais plutôt pour des rappels ponctuels parce que, comme ils ne sont pas permanents, ils sont peu fiables et peuvent se perdre et se décoller.
4. Utiliser les *to-do lists* intelligemment. Écrire sur une feuille les tâches à venir dans la journée ou le lendemain peut être très libérateur pour l'esprit. Alors, n'hésitez pas à vous faire une routine selon votre préférence, soit en terminant la journée en regardant la liste du lendemain ou en l'entamant avec la liste du jour. Cependant, ce n'est pas un outil d'organisation pour les tâches à long terme.

Créer de l'espace dans ses technologies

L'utilisation des technologies prend non seulement de la place dans le fameux *cloud*, mais également dans nos têtes. Des réseaux sociaux qui ne nous ressemblent pas, des boîtes de messagerie pleines à craquer, des documents non classés, des photos éparpillées un peu partout... Cela peut devenir difficile à gérer et augmenter notre charge mentale et, par le fait même, notre stress.

Prenez le temps de faire le ménage de vos réseaux sociaux. Faites comme Marie Kondo, mais version Web ! Les comptes que vous suivez ne vous sont ni utiles ni ne vous font ressentir de la joie ? Désabonnez-vous ! Nous aborderons le sujet plus en détail au chapitre 4.

LA DÉTOX NUMÉRIQUE

Par Laurie Barrette et Stéphanie Mandréa, fondatrices de Dans le sac

Les réseaux sociaux font partie intégrante de nos vies et de notre quotidien depuis quelques années. Sans même nous en rendre compte, nous passions plusieurs heures par jour sur Instagram et Facebook à regarder la vie des autres à travers un écran et à y mettre de petites touches de notre vie personnelle, mais lorsque nous avons réalisé le nombre d'heures perdues dans cette quête de beauté et de nouveauté, notre alarme a sonné.

Pourquoi passe-t-on autant de temps sur ces réseaux sociaux ? Pour se divertir ? Par ennui ? Pour adhérer à une communauté ? Comment se sent-on après avoir « scrollé » sur ces plateformes ? Veut-on vraiment partager les précieux instants du développement de ses enfants avec des inconnus en échange de mentions « J'aime » ? Est-ce qu'on partage tout ce contenu dans le but d'être valorisé et accepté par les autres ? Est-ce qu'on désire vraiment passer quatre heures par jour le visage tourné vers un cellulaire ou est-ce qu'on préfère investir ce temps dans la lecture, le tricot, la marche ou tout autre passe-temps plus agréable ? Ce sont là des questions à se poser avant d'amorcer un changement dans ses habitudes.

Dans notre cas, une simple détox numérique de quelques jours a suffi pour réaliser que ce n'était pas ce que nous souhaitions. Non, nous ne voulions pas prioriser ces plateformes au détriment de notre famille. Ça semble anodin, mais le besoin constant de créer de belles images et les comparaisons avec les autres apportent leur lot d'anxiété. Réaliser ce que les réseaux sociaux ont comme impact a été le premier pas vers une prise de conscience. Après une utilisation prolongée de ceux-ci, nous nous sentions souvent anxieuses et déprimées. Pour amorcer notre « détox », nous avons retiré les notifications et déterminé un temps d'écran maximum par jour. Mais pour nous, ce n'était pas assez. Le réflexe de consulter ces plateformes au moindre moment d'ennui était trop puissant. Nous avons donc décidé de fermer nos comptes personnels. Il faut avouer que les premiers jours ont été difficiles.

Nous avions une vraie dépendance à notre cellulaire ! La pulsion de le prendre et de « scroller » pour nous occuper et nous désennuyer était forte. Le truc pour l'éviter ? Trouver une passion pour nous occuper les mains. Toutes les deux, nous avons pratiqué des activités simples qui ont complètement changé notre quotidien et notre état mental. Depuis ce jour, nous avons retrouvé du temps pour lire des romans, jardiner, être plus attentives à nos proches, cuisiner, etc. Ce temps que nous croyions ne pas avoir, mais qui en fait était mal réparti puisque nous nous laissions distraire par les réseaux sociaux.

Bien sûr, nous partageons ici notre expérience et les réseaux sociaux n'ont pas que des points négatifs ! Il est important de limiter leur utilisation et de faire une introspection quotidienne de leurs effets sur le bien-être. Il faut se rappeler que nous pouvons exister et être heureux sans tout exposer sur les médias, et que le bonheur ne dépend pas de ce que nous projetons dans ce monde virtuel.

Cette prise de conscience de l'utilisation des technologies est un pas en avant, mais il reste qu'en 2022, elles font partie de la vie. Il est toutefois possible de les utiliser de manière plus efficace et écolo !

La technique du *inbox zero*, qu'est-ce que c'est ?

Faire de la place dans ses technologies, c'est aussi classer sa boîte courriel ! Pratiquer le *inbox zero*, c'est traiter, classer et supprimer les courriels au fur et à mesure qu'ils arrivent. Il faut les considérer comme des courriers postaux (lettres, etc.) qui sont déposés dans une case postale : c'est une zone temporaire, un transit. Une fois les lettres ouvertes, elles doivent être traitées, classées ou recyclées. Vous n'accumulez pas des années de lettres sur un comptoir de votre maison, pas vrai ?

Les avantages du *inbox zero* :

- sentiment de productivité et d'accomplissement ;
- diminution du stress relié au désordre et à l'abondance de tâches ;
- diminution des pertes de temps (et de courriels !) liées à la recherche d'anciens courriels ou de tâches et de suivis à faire.

Le *inbox zéro*, en cinq étapes simples !

1. Tout d'abord, il faut se botter les fesses et faire un grand ménage de sa boîte de réception. Eh oui, comme le ménage de la maison, cela demande un peu de temps et de patience. Commencez par supprimer tous les courriels trop anciens, sans importance ou auxquels vous avez déjà répondu. Attention cependant de conserver les courriels importants dont vous devez garder la trace ! Assurez-vous de créer un dossier pour bien gérer le tout.
2. Pensez également à vous désabonner des infolettres et autres notifications publicitaires que vous ne lisez jamais, pour éviter les courriels inutiles. Un petit truc : faites-le au fur et à mesure qu'ils arrivent dans votre boîte de réception. Dès qu'une infolettre ne vous parle plus, prenez cinq secondes pour cliquer sur « Se désabonner ».
3. Par la suite, créez des dossiers et des sous-dossiers dans votre boîte de réception, comme vous le faites pour vos documents sur l'ordinateur. En mettant en place une méthode de classement claire, vous pourrez conserver les dossiers importants sans encombrer votre boîte de réception. Il sera facile ensuite de retrouver un courriel pour faire un suivi.
4. Évidemment, pensez à supprimer les courriels au fur et à mesure que vous les lisez et y répondez. Puis, classez seulement les courriels importants.
5. Finalement, évitez d'utiliser votre boîte courriel comme liste de rappel ou *to-do list*. Il serait trop facile d'accumuler les courriels et de s'y perdre à nouveau.

Cette technique a plusieurs bienfaits, dont celui de quitter le travail plus zen, avec un sentiment d'efficacité accru. Mettez-la en pratique avant de partir en vacances ou pour le week-end ; cela vous permettra d'avoir l'esprit libéré et de profiter au maximum de vos temps libres. Non seulement vous réduirez votre stress, mais vous contribuerez également à diminuer votre empreinte écologique liée à l'utilisation des courriels.

LE MINIMALISME DIGITAL
(réduire son temps d'utilisation des technologies)

Quelques gestes simples pour y arriver :

- Pratiquer la technique du *inbox zero* ;
- Se désabonner des infolettres indésirables ;
- Se désabonner des comptes de réseaux sociaux qui causent de l'anxiété ou poussent à la comparaison ;
- Établir des moments de déconnexion ;
- Faire le ménage des photos, vidéos, dossiers et applications des cellulaires et des ordinateurs ;
- Analyser sa présence sur les réseaux sociaux et son utilisation de ceux-ci (ce sujet sera abordé plus en détail au chapitre 4).

Sarah

Pour avoir accompagné plusieurs personnes dans leur quête du inbox zero, *je sais que ce n'est pas un exercice simple pour tout le monde. Cependant, lorsque l'on prend le temps de s'organiser, de classer les messages de sa boîte de réception, ça devient petit à petit un automatisme. Évidemment, la boîte courriel n'est pas toujours à zéro, mais l'idée est de la laisser la plus vide possible !*

L'IMPACT ENVIRONNEMENTAL DU RALENTISSEMENT

Saviez-vous qu'un courriel représente environ 4 g de CO_2 (émissions liées au fonctionnement de l'ordinateur et des serveurs) ? Soixante-cinq courriels émettent ainsi autant de gaz carbonique qu'une voiture qui roule sur un kilomètre. Un courriel avec une pièce jointe volumineuse peut générer jusqu'à 50 g de CO_2. Nous repensons nos transports, notre alimentation, notre consommation en général pour réduire notre empreinte écologique, mais il ne faut pas oublier l'impact de nos courriels.

Supprimer les courriels de la corbeille permet de libérer de l'espace dans les serveurs et ainsi de réduire leur utilisation (et leur demande énergétique, par le fait même). Au Québec, nous avons de l'hydroélectricité, qui est une énergie renouvelable, mais c'est loin d'être le cas partout sur la planète. Plusieurs pays, dont les États-Unis, fonctionnent encore avec des centrales au charbon.

On dit souvent qu'il faut en faire plus pour l'environnement, plus pour sauver la planète, plus, plus, plus. Nous sommes toujours dans un discours de productivité, d'action. Et si une partie de la solution se trouvait dans le fait d'en faire moins, dans la vie de tous les jours ? Dans la décroissance plutôt que dans l'éternelle croissance (le *endless growth*). La décroissance personnelle, comme travailler moins d'heures, se déplacer moins, consommer moins, est très liée à la décroissance économique (et donc écologique). La réflexion est ouverte...

Et si en faire moins permettait de réduire le stress, mais également l'empreinte écologique ? Placer la barre toujours plus haut, comme le demande la société de performance d'aujourd'hui, amène son lot de conséquences, dont des populations extrêmement stressées.

Le stress, un déséquilibre très fréquent, a un impact sur toutes les sphères de la vie, notamment sur la qualité du sommeil. Le sommeil est aussi l'une des sphères directement touchées par le manque d'espace dans la tête. On se couche épuisé, mais on ne peut s'empêcher de faire des listes, de se rappeler les tâches à accomplir, de penser au week-end qui arrive.

Décharger le cerveau

On compare souvent le cerveau à un ordinateur qui traite l'information, la classe et l'emmagasine. Et que fait un ordinateur lorsqu'il y a trop de fenêtres ouvertes en même temps ? Il surchauffe, il fige, il a besoin de redémarrer. Bref, il n'est plus fonctionnel.

Virginie

Les mots « épurer » et « désencombrer » peuvent paraître forts de sens. Mais par où commencer ? Pour ma part, je réalise depuis quelques années que le simple fait de passer l'aspirateur, de ranger de la vaisselle, de laver une brassée de vêtements, de ramasser des jouets avant de m'installer pour une tâche qui nécessite de la concentration m'aide à être dans un meilleur état d'esprit.

J'aime voir les tâches plus « plates », comme nettoyer le frigo, ranger une armoire de cuisine ou faire le ménage des vêtements des enfants, comme de belles occasions de me concentrer sur des mouvements répétitifs, donc méditatifs. Surtout lorsque mon esprit est agité, ce genre d'actions m'aide à me reconnecter, à me recentrer… Je les accueille donc avec plaisir plutôt que de simplement vouloir m'en débarrasser.

Et que dire de la satisfaction qu'apporte un espace épuré et bien rangé ! Personnellement, ça m'apaise vraiment.

En contrepartie, j'ai beaucoup plus de difficulté à bien organiser et classer mes dossiers. La paperasse, ce n'est pas du tout ma tasse de thé, mais j'essaie au mieux de mes capacités de créer des fichiers qui ont du sens pour moi. Et même si je trouve ces tâches énergivores, quand j'arrive à les accomplir (au besoin, je demande de l'aide !), je suis fière de moi.

Sarah

C'est ma psychologue, lors d'une de nos nombreuses séances, qui m'a appris que mon cerveau pouvait surchauffer, et que, comme je le fais pour mon ordinateur, je devais apprendre à fermer des fenêtres ouvertes. Certaines sont en veille et ne servent plus. D'autres sont ouvertes par habitude, et quelques-unes sont vraiment utiles. Fermer des fenêtres peut se faire en laissant aller, en disant non, en prenant du temps pour soi, en affrontant une situation que l'on repousse...

À bien y penser, c'est plutôt drôle. On apprend à ne pas faire surchauffer un ordinateur et à savoir reconnaître les signes de problèmes (l'ordinateur lui-même peut nous aviser que quelque chose cloche avec un pare-feu ou une autre notification). Pourtant, avec nous-mêmes, c'est plus difficile. Nous repoussons constamment les signes de surchauffe, comme si nous étions invincibles.

Nous aimons beaucoup décharger notre cerveau le soir, et le matin avant d'entamer notre journée. Avant d'aller au lit, nous notons dans un cahier toutes les tâches, les *flashs* et les autres pensées qui nous viennent. Cela permet de libérer notre esprit avant de nous endormir. Et ça fonctionne ! Nous nous endormons plus facilement, d'un sommeil plus profond.

Le matin, accompagnées d'un petit café ou d'un thé chaud, nous dressons notre liste de choses à faire pour la journée. C'est très motivant et, surtout, apaisant. Vous pouvez également vous servir de la liste que vous avez dressée la veille au soir, si c'est cette technique qui fonctionne pour vous !

À FAIRE
AUJOURD'HUI
Épicerie
- quinoa soufflé
- chocolat noir
- beurre d'arachide
- oeuf
- pommes
Changement de pneus
Appeler banque

Épurer son espace

Dans plusieurs articles et études, on rapporte les bienfaits d'un environnement propre et rangé, et le fait qu'épurer son espace (de travail, de maison) libère de la place dans l'esprit.

Le minimalisme a été bien présent dans la dernière décennie. On en parle beaucoup et on voit circuler de jolies photos d'espaces immaculés et blancs, où pratiquement aucun objet ne traîne. Mais qu'en est-il exactement, au-delà de cette image ?

Le minimalisme se définit tout simplement comme le fait de limiter les possessions matérielles pour épurer l'espace de vie, et garder uniquement ce qui compte et qui est vraiment utile. Il propose de retourner à l'essentiel.

Comment vous sentez-vous quand la maison est en désordre ? Ou lorsqu'en plein déménagement, vos possessions sont dans toutes les pièces ? C'est de cette surcharge physique et mentale que le minimalisme veut nous protéger. Et, plutôt que d'exister à travers nos possessions, il véhicule l'idée d'exister pour qui nous sommes réellement. Les efforts déployés là où ils comptent font gagner du temps, que nous pouvons utiliser pour prendre soin de nous-mêmes plutôt que pour ranger des objets inutiles.

Quelques suggestions pour revenir à l'essentiel

1. Désencombrer (vendre ou donner ce qui ne vous sert plus) pour mieux vous retrouver. Vous pouvez utiliser la règle du « un qui entre = un qui sort », c'est-à-dire que lorsque vous achetez un produit ou un article, vous devez vous départir d'un objet que vous avez déjà.
2. Avoir de la gratitude pour ce que vous possédez. Cela vous empêchera de succomber aux achats impulsifs ou influencés par la publicité ; vous deviendrez vraiment reconnaissant pour ce que vous possédez et votre espace sera moins encombré.
3. Voir le côté positif. Avoir moins d'objets signifie moins de choses à nettoyer, dont il faut se préoccuper et prendre soin.
4. Faire un inventaire de ses possessions. Cela permet, entre autres, d'éliminer les doublons (principalement dans la pharmacie, les articles pour bébés, la cuisine et les outils !).
5. S'inspirer de personnalités ou de compagnies qui mettent le minimalisme et la simplicité au quotidien au centre de leur philosophie. Au Québec, pensons à Vicky Payeur et Dans le sac, entre autres.

Trouvons ce qui nous nourrit réellement et nous fait sentir vivants et assurons-nous de leur laisser de l'espace. Bien souvent, nous consommons parce que nous manquons de temps pour nous remplir autrement. Toutes ces choses que nous achetons impulsivement nous apportent une satisfaction de courte durée et ne nous comblent pas véritablement.

L'importance de l'*aparigraha*

L'*aparigraha*, le dernier des *yamas* (voir la page 44), fait partie des huit branches du yoga selon Patanjali. Nous abordons ici l'*aparigraha* parce qu'il va de pair avec le retour à l'essentiel. En sanskrit, *aparigraha* veut dire « non-possessivité ».

Concrètement, l'*aparigraha* prône de mettre l'accent sur l'acte et non sur son résultat, sur la gratitude pour ses possessions plutôt que sur son désir d'en avoir toujours plus. Réduire sa consommation et diminuer l'importance que l'on donne aux choses que l'on possède sont des gestes simples, mais extrêmement libérateurs. Apprendre à cultiver le contentement autrement que par les biens matériels apporte sens et valeur à la vie.

Voici quelques petits trucs pour commencer à pratiquer l'art du non-attachement, inspirés des enseignements de notre amie et yogi Mylène Montplaisir.

1. Réévaluer ses possessions en se posant les questions suivantes :

- Est-ce que cet objet me donne un sentiment de bonheur lorsque je le regarde ou le porte ? Apporte-t-il de la beauté dans la maisonnée ?
- Est-ce que j'utilise cet objet régulièrement ou est-ce qu'il dort depuis des années dans le fond de mon armoire ?
- Est-ce que cet objet est utile à ma vie ?
- Est-ce que je connais quelqu'un qui pourrait mieux profiter de cet objet que moi ?

2. Consommer consciemment. Se poser des questions avant d'acheter permet d'éviter d'encombrer ses espaces avec des objets inutiles ou éphémères. Demandez-vous :

- Est-ce que j'en ai vraiment besoin ?
- D'où vient ce produit, comment s'est-il rendu jusqu'ici ?
- Est-ce que j'encourage une compagnie qui partage mes valeurs lorsque je choisis d'acheter cet objet ?
- Pourrais-je l'emprunter ou l'acheter usagé ?

Lorsque l'impulsion d'acheter survient, prenez le temps d'y penser ou faites votre panier d'achats en ligne. Ne cliquez pas sur PASSER À LA CAISSE tout de suite. Laissez reposer le panier quelques jours. Ensuite, si l'envie ou le besoin d'acheter sont toujours présents, vous pouvez faire l'achat. Réduisez vos dépenses en période de vulnérabilité (la nuit, lorsque vous vous sentez plus déprimé, pour vous désennuyer, etc.).

3. Exprimer de la gratitude pour ce que vous possédez. En mettant l'accent sur ce que vous avez déjà, ce dont vous pensez avoir besoin pour être heureux risque de perdre de son attrait. Prendre le temps de nommer les choses pour lesquelles nous sommes reconnaissants permet de cultiver cette gratitude.

Finalement, ce qui encombre l'espace prend aussi de la place dans l'esprit, les pensées, et peut même bloquer l'énergie créatrice. Si vous vous sentez étourdi ou étouffé par vos possessions, c'est le temps de commencer le grand ménage ! Il faut y aller petit à petit, tranquillement. Vous pouvez vous inspirer de certains défis de désencombrement sur le Web (par exemple, vous séparer d'un objet par jour pendant 30 jours). Vous verrez qu'il n'est pas si difficile de laisser aller certaines possessions, et que c'est même très agréable !

Le fait de créer de l'espace dans sa tête, son corps et même ses relations peut être très libérateur. Créer de l'espace en désencombrant ou en revoyant ses priorités permet de revenir à l'essentiel, de se reconnecter pour mieux connecter avec ses besoins réels. Créer de l'espace permet d'en libérer pour ce qui compte réellement : ce qui nourrit et fait sentir vivant.

#MADOSEBIENETRE

LAISSER ALLER POUR CRÉER DE L'ESPACE
CORPS, CŒUR, ESPRIT.

CHAPITRE 3

Définir son style de vie

Le style de vie d'une personne comprend son comportement, ses valeurs, sa façon de penser, ses relations sociales, sa façon de consommer, ses loisirs.

Plus spécifiquement, on parle non seulement de son type d'occupation (employé, à la maison, retraité, étudiant...), mais aussi de ses préférences, des sorties qui l'allument, des voyages qui l'intéressent... Le style de vie peut être teinté de l'environnement, du revenu familial, de l'éducation, entre autres. Aujourd'hui, avec les réseaux sociaux et la surexposition aux médias et aux publicités, il peut également être influencé par ce que l'on désire être, avoir ou faire.

L'important, c'est de bien connaître la nature des choix qui influencent notre style de vie. S'ils s'accordent avec nos valeurs profondes, c'est bien, mais si nous les faisons pour nous conformer à un idéal ou nous comparer aux autres, nous risquons d'être toujours en quête, sans jamais nous trouver.

Voici quelques signes qui indiquent que nous ajustons notre style de vie en fonction des autres :

- perte de motivation ou motivation absente ;
- mal-être ;
- anxiété ou stress face aux choix à faire ;
- incohérence entre les valeurs et les actions ;
- impression de ne pas être soi ;
- sentiment d'obligation (« Je dois ») ;
- recherche d'approbation ou de validation extérieure.

Il est bon de se rappeler qu'au-delà des comparaisons et des apparences, il est important d'avoir un style de vie qui nous ressemble afin que celui-ci résonne et soit cohérent avec nos valeurs et qui nous sommes réellement. Il faut aussi toujours nous remémorer qu'il n'y a pas de réel équilibre ou de style de vie idéal, mais que nous sommes en constant apprentissage pour trouver notre voie. Nous n'avons qu'une vie, ici et maintenant. Si nous ne choisissons pas pour nous-mêmes, qui le fera ? Si notre style de vie ne nous permet pas de prendre soin de nous, qui le fera ? Qui sera heureux à notre place ?

Dans le présent chapitre, nous allons regarder de plus près deux aspects de notre style de vie qui peuvent teinter le bien-être : la carrière et la parentalité.

LA CARRIÈRE ET LA VIE PERSONNELLE

Quand on rencontre une nouvelle personne, quelles sont les premières choses que l'on demande par habitude ?

- Comment vas-tu ?
- As-tu des enfants ?
- Que fais-tu dans la vie ?

La carrière (ou l'occupation) prend une grande place dans la vie et définit bien souvent le style de vie. Le travail définit la personne en partie et son réseau social tourne bien souvent autour de celui-ci. La vie active dure en moyenne une trentaine d'années, voire une quarantaine. On passe 40 heures par semaine au travail, et ce, environ 48 semaines par an. C'est beaucoup de temps.

Se comparer
aux autres empêche
d'être heureux.

– Theodore Roosevelt

Alors, comment s'assurer que travail et valeurs soient en harmonie ? Comment savoir si l'on vit un réel malaise dans son travail ? Comment en prendre conscience avant que le déséquilibre soit trop grand ?

Être malheureux au travail peut interférer avec la vie personnelle et créer des problèmes de santé mentale et/ou physique.

LE BONHEUR AU TRAVAIL

Par Marylise Champagne, conseillère d'orientation et fondatrice de Dix mille matins

Analysons votre situation au travail. Pour être pleinement en mesure de le faire, vous devrez prendre du recul, vous observer et vous écouter. Afin d'entamer une réflexion, prenez le temps de répondre aux trois questions suivantes. N'oubliez pas, il est primordial de faire une analyse assez profonde pour ne pas vous retrouver dans la même situation ailleurs. Il faut aussi éviter d'idéaliser d'autres situations professionnelles (croire que l'herbe est plus verte chez le voisin).

1. Qu'est-ce qui me plaît dans mon occupation actuelle ?
2. Quels irritants sont présents dans mon quotidien ou mes relations (collègues, patrons) ?
3. Dans quelle tâche ou quel contexte suis-je dans mon *flow* (je ne vois pas le temps passer) ?

Vous pouvez aussi rédiger une liste des éléments « pour » et « contre » de votre situation professionnelle actuelle.

La relation avec l'occupation varie d'un individu à un autre. Le travail prend une place différente pour chacun. Mais la vie ne s'arrête pas au travail. Nous ne sommes pas notre travail. Alors, qu'est-ce qui se passe lorsque nous nous questionnons sur les éléments de vie qui sont importants pour nous ? Prenez le temps de mijoter ces questions simples, mais pleines de sens.

1. Ma vie, je veux la vivre comment ?
2. Quelles valeurs sont importantes pour moi ?
3. Quels sont mes besoins réels ?
4. La manière dont j'aimerais vivre ma vie est-elle en conflit avec mon travail ou mon occupation ?

Par exemple, si, pour vous, passer du temps en famille est crucial, il est possible que vous vous sentiez déchiré dans un emploi qui vous accapare beaucoup, spécialement s'il vous oblige à être souvent loin de votre famille.

C'est plus une question de contexte que de tâches. En différenciant ce qui appartient aux tâches et au contexte, vous pouvez faire des liens entre ce que vous aimez et ce que vous n'aimez pas. C'est là que ça peut devenir plus compliqué. Vous avez des mécanismes, en tant qu'individu, et les analyser vous-même est difficile et confrontant. Vous pouvez rapidement vous sentir submergé d'informations, sans savoir par où commencer.

Il est important de prendre aussi le temps de comprendre ce qui appartient à vos tâches et ce qui appartient à votre rôle. Quelle part de votre satisfaction ou insatisfaction appartient à la qualité des relations que vous entretenez ? Si vous isolez vos tâches, est-ce que vous vous sentez compétent ? Si vous pensez à votre lieu de travail, est-ce qu'il respecte vos valeurs les plus importantes ?

Vous pouvez également réfléchir à vos besoins spécifiques : avez-vous besoin d'être encadré ou, au contraire, avez-vous besoin de liberté ?

C'est en analysant en profondeur la raison pour laquelle quelque chose vous fait vibrer ou non que vous déterminerez un plan d'action qui pourra agir sur votre épanouissement au travail.

En séance d'orientation, par exemple, nous décortiquons ces mécanismes et regardons quels sont les besoins sous-jacents des personnes, pour les aider à définir leurs priorités, nous assurer que leurs besoins sont comblés et que leurs choix reflètent le style de vie désiré.

On valorise la réussite, le travail acharné, les heures supplémentaires, les idées révolutionnaires, les gens qui reçoivent une grande attention médiatique et ceux qui vivent de leur passion.

Il peut être extrêmement anxiogène de nous dire que nous devons choisir une carrière qui nous passionne, pour laquelle nous avons un coup de cœur. Un métier, une profession qui nous ressemble, qui nous donne envie de nous lever tous les matins avec joie et motivation.

L'important, dans le choix de notre occupation, ce n'est pas qu'elle nous passionne mais qu'elle soit bien alignée avec nos intérêts et nos valeurs.

Un individu qui se passionne pour son travail et s'y dévoue corps et âme, c'est beau, ça se peut et c'est valide. Un individu qui exerce un travail qu'il apprécie et le comble, et qui s'adonne à ses passions à l'extérieur de celui-ci, c'est beau, ça se peut et c'est valide. Le travail n'a pas à répondre à tous les besoins. La passion peut être comblée autrement et ailleurs. Le bonheur que cette passion procure risque tout de même d'avoir un effet sur la qualité de vie et, par extension, sur le bonheur au travail.

Sarah

Je me souviens de la première fois où j'ai réellement commencé à réfléchir à mon choix de carrière. J'étais en 5e secondaire et je devais bientôt m'inscrire au cégep. Je n'y avais jamais songé jusqu'alors parce que c'était très clair pour moi : j'allais devenir enseignante au primaire, comme ma mère. Je l'accompagnais souvent dans sa classe et m'y sentais à l'aise. Je voulais devenir enseignante et gérer ma propre classe. Je me suis donc inscrite en sciences humaines. Mais l'été avant mon entrée au cégep, j'ai accepté un travail d'aide-animatrice dans un camp de jour. Je n'avais pas de plaisir à intervenir auprès des enfants. Ce que j'aimais, c'était la planification des activités. À la suite de cette expérience de travail, j'ai consulté un conseiller d'orientation et me suis informée sur les différents programmes et leurs débouchés. À l'université, je me suis inscrite en orientation professionnelle, ne sachant toujours pas ce que je voulais faire « lorsque je serais grande ». Durant mon bac, je ressentais un grand intérêt pour la gestion. Tout en poursuivant mon baccalauréat en orientation professionnelle, j'ai donc réalisé un certificat en gestion pour bonifier celui-ci et combler différents intérêts. Tout au long de mon parcours universitaire, j'ai su être à l'écoute de mes préférences, qui m'ont menée vers des choix qui m'appelaient davantage. Mes expériences de travail, ma personnalité, mes valeurs et mes aptitudes m'ont ensuite guidée lors de mon entrée dans le monde du travail.

Encore aujourd'hui, la trentaine entamée, je réfléchis souvent à ce que j'aimerais faire et à ce qui m'intéresse vraiment afin de me laisser guider dans ces décisions et de me réaligner au besoin. Lors de moments de déséquilibre et de doutes, je prends le temps de me poser des questions sur mes motivations réelles et profondes.

Virginie

Je n'ai jamais réellement su ce que je voulais faire dans la vie (et encore aujourd'hui, j'ai beaucoup de difficulté à le visualiser). Tout d'abord, parce que juste d'y penser, j'ai le vertige. J'ai toujours suivi le courant et fait confiance à la vie, qui a été plus que généreuse avec moi jusqu'à maintenant.

En effet, ma mère a toujours dit que mes étoiles étaient bien alignées, et elle avait raison. Depuis quelques années, je prends encore plus conscience de mes (très nombreux) privilèges et la culpabilité est omniprésente dans mon quotidien.

Mon sentiment de vouloir inspirer positivement est d'ailleurs grandissant. C'est pourquoi je ne pourrais faire un travail qui ne m'anime pas, qui ne me nourrit pas. En effet, j'ai passé tellement d'heures à travailler et investi tant d'énergie dans ma carrière qu'il va de soi pour moi qu'elle m'apporte du bonheur, de la joie, mais aussi un sentiment d'accomplissement.

J'ai longtemps nourri mon ego par le travail, qui prenait une très grande part de ma tarte de vie. Aujourd'hui, depuis l'arrivée de mes enfants, j'ai compris beaucoup de choses sur moi et mes relations avec les autres, et j'aspire plutôt à créer pour inspirer à la reconnexion, inviter à se retrouver, à éviter la comparaison et à plus de compassion, pour soi et ceux qui nous entourent.

Plus facile à dire qu'à faire, croyez-moi, je le sais…

Mais je crois sincèrement que c'est en prenant davantage conscience que nous sommes tous et toutes uniques et que la beauté se trouve dans la diversité, mais aussi que de nombreux points communs peuvent nous rassembler, qu'il sera possible de faire de ce monde un environnement meilleur pour les petits humains de demain.

Les intérêts, les valeurs et les aptitudes (IVA)

Nous savons que bien se connaître est complexe. Un premier pas serait de commencer par connaître ses intérêts, ses valeurs et ses aptitudes principales. Il n'y a pas d'âge pour entamer cette réflexion sur soi. Puisqu'on évolue tout au long de la vie, il est normal d'avoir à se questionner et à se requestionner.

Voici une petite liste non exhaustive des intérêts, des valeurs et des aptitudes (IVA) pour vous aider à les déceler et à entamer une réflexion :

LES INTÉRÊTS

- L'altruisme
- L'animation
- Le bricolage
- La création
- La cuisine
- La culture
- L'écriture
- L'esthétique
- La lecture
- La mécanique
- La photographie
- Les sciences

LES VALEURS

- L'ambition
- L'autonomie
- La bienveillance
- L'écoute
- L'entraide
- La famille
- L'honnêteté
- L'initiative
- La persévérance
- Le plaisir
- Le prestige
- La réalisation
- Le respect

LES APTITUDES

- Aider les autres
- Analyser des idées
- Animer
- Apporter des idées
- Classer
- Dessiner
- Écrire
- Enseigner
- Faire des recherches
- Gérer
- Imiter ou jouer (au théâtre, par exemple)
- Négocier

Quelques pistes de réflexion pour faire un choix (plus) éclairé

À la suite des réflexions entamées dans les sections précédentes, vous êtes maintenant mieux équipé pour engager une réflexion sur votre occupation. On parle de travail ici, mais ces exercices d'introspection sont tout aussi valides concernant une réorientation scolaire, une arrivée à la retraite, la décision de rester à la maison, etc. Toute occupation mérite que vous vous y attardiez avec douceur pour atteindre votre plein potentiel et, surtout, être certain qu'elle vous convienne.

1. Qu'est-ce que je veux que mon travail m'apporte ?
2. Qu'est-ce que je souhaite mettre à profit (comme compétences, aptitudes, talents) dans mon travail ?
3. Quelles sont mes aspirations, mes priorités ?
4. Qu'est ce qui me fait sentir vivant, accompli ?

En fin de compte, la question demeure la même : êtes-vous heureux ? Si oui, vous avez tout. Sinon, le processus d'introspection peut commencer. Si vous hésitez, c'est normal. C'est une démarche continuelle et évolutive. N'hésitez pas à demander de l'aide au besoin.

Retrouvez un balado sur la connaissance de soi et la carrière sur le site infusemagazine.ca !

Si la carrière ou l'occupation occupe une grande part de la vie, notre style de vie, nos loisirs et nos passions en font également partie. Arriver à arrimer toutes les sphères de la vie (famille, travail, loisirs, sommeil, temps pour soi, etc.) demande une constante adaptation.

Les sections précédentes vous ont permis de mieux comprendre votre occupation, vos intérêts, vos valeurs et vos aptitudes, et de faire une petite introspection sur votre style de vie. Parfois, celui-ci vient avec son lot de défis. La charge mentale et la culpabilité en font inévitablement partie, que vous soyez parent ou pas.

La charge mentale

Il n'y a pas si longtemps que l'on parle de la charge mentale et de ses effets sur notre vie et notre état psychologique. La charge mentale (ou cognitive) est invisible et se définit surtout par tout ce qui se situe dans la sphère domestique : tâches ménagères, rendez-vous, achats à faire, soins aux enfants, repas, organisation d'événements, etc. Ce n'est pas la tâche elle-même qui est lourde à porter, mais plutôt le fait de devoir y songer en tout temps et de la prévoir. Cette charge mentale influence beaucoup notre attitude au travail. À force de vouloir tout prévoir, nous nous oublions un peu, non ?

La charge mentale est bien souvent davantage portée par les femmes. Lorsque nous sommes accaparés par la lourdeur de notre charge mentale, nous avons l'impression de manquer de temps, de toujours être à la course, d'être débordés, de ne pas voir le bout du tunnel. Et malheureusement, en nous comparant, nous avons la fausse impression d'être les seuls à vivre cela. Nous nous sentons inadéquats et nous culpabilisons.

Toutes ces manifestations et ces pensées peuvent entraîner une augmentation du stress et, donc, divers symptômes physiques tels que la migraine, une grande fatigue, de la tristesse, une perte d'intérêt, des excès de colère, de l'irritabilité, des douleurs abdominales, des tensions... Bref, rien de très agréable.

Les trucs à utiliser pour réduire la charge mentale sont nombreux, en commençant par la communication avec le partenaire (s'il y a lieu) afin de mieux répartir les tâches. On peut aussi :

- Demander de l'aide ;
- Déléguer certaines tâches à des collègues ;
- Préparer les lunchs la veille et faire de la *food prep* ;
- Acheter des repas précuisinés ;
- Bouger (pour diminuer le stress) ;
- Se vider la tête régulièrement en prenant des notes (les méthodes d'organisation par blocs de temps et la division des tâches abordées à la page 70 sont d'excellentes façons de réduire la charge mentale associée aux tâches professionnelles et familiales) ;
- Méditer (pour faire le vide) ;

- Combiner certaines activités (plier le linge devant une série télé, méditer en faisant la vaisselle, prendre un appel avec un collègue en marchant, réviser un dossier durant un trajet en autobus, etc.) ;
- Planifier des moments pour soi au calendrier ;
- Lâcher prise ;
- Dire non pour se prioriser.

La charge mentale en cuisine

Bien que la charge mentale affecte plusieurs sphères de nos vies, nous avons remarqué qu'elle prend beaucoup de place du côté de l'alimentation. Cuisiner est un éternel recommencement de semaine en semaine, de jour en jour. Il peut parfois devenir essoufflant et décourageant de devoir trouver du temps pour cuisiner, mais surtout d'avoir à penser à ce qui se retrouvera sur la table et dans les boîtes à lunch.

Ces dernières années, nous avons été grandement inspirées en cuisine par notre amie Eve-Lyne Auger, fondatrice du magazine végé La Fraîche.

LA CHARGE MENTALE EN CUISINE

Par Eve-Lyne Auger, fondatrice de La Fraîche et autrice

J'adore faire à manger. Je sais que ce n'est pas tout le monde qui se plaît autant à se mettre en marche en cuisine, et surtout à prendre le temps de préparer des plats, alors je me considère comme chanceuse que ce soit mon cas. Cependant, malgré tout l'amour et la passion que je porte à la cuisine, cette action quotidienne reste une source de petits tracas, dont je n'arrive pas facilement à me débarrasser.

Comme tout le monde, je passe énormément de temps chaque semaine à déterminer ce que je souhaite manger, quels plats seront cuisinés et à partir de quels ingrédients. Je veux absolument éviter de gaspiller les aliments que j'ai à la maison, alors je prends également un moment pour faire l'inventaire de ce qui se trouve dans mon frigo et mon garde-manger. Je m'assure aussi de m'approvisionner le plus localement possible et en vrac, ce qui fait que j'aurai peut-être trois ou quatre arrêts à faire au lieu d'un seul pour trouver tout ce qu'il me faut. Avec tout ça, je n'ai pas encore pris le temps de laver la pile de vaisselle dans mon évier et de me faire un lunch.

Vous vous reconnaissez ?

Ce poids que nous ressentons, associé à différentes tâches que nous devons accomplir, c'est la charge mentale.

Plus précisément, c'est une charge cognitive portée par un individu, concernant la planification, la gestion et la répartition d'un grand nombre de tâches du quotidien. Elle se manifeste au niveau des pensées. Ce fameux petit « hamster » qui peut nous tenir éveillés toute la nuit et qui *spinne* toute la journée lorsque nous voyons la liste de choses à faire s'allonger.

Cette charge peut être difficile à voir, et surtout à percevoir, pour les gens qui nous entourent. Il est donc tout à fait normal de la ressentir, mais aussi de souhaiter l'alléger et vivre en harmonie avec elle. Elle ne doit pas devenir un poids trop lourd à porter, mais plutôt prendre une place raisonnable dans notre quotidien et s'adapter à notre mode de vie afin d'éviter de causer de l'épuisement, différentes tensions physiques ou de devenir source de conflits avec les proches.

La bonne nouvelle, c'est qu'il existe différentes astuces simples pour diminuer cette charge, en ce qui a trait à la préparation des repas, pour qu'ils s'intègrent facilement à notre routine.

Voici donc mes cinq astuces favorites pour diminuer la charge mentale liée à la préparation des repas :

1. Faire participer ses proches dans la planification, la gestion et la répartition des tâches en cuisine ;
2. Diviser la tâche afin de ne pas tout faire la même journée (l'épicerie, la planification des repas, la *meal prep*, etc.) ;
3. Planifier ses repas de la semaine en misant sur des recettes simples, rapides et qu'on aime ;
4. Préparer des plats à l'avance (*meal prep*) la fin de semaine, que l'on pourra mettre au frigo pour les lunchs et les repas du soir, ou en lavant/coupant/cuisant certains ingrédients pour gagner du temps en cuisine durant la semaine ;
5. S'offrir une pause bien méritée en encourageant un restaurant, en ayant recours à un service de boîtes-repas hebdomadaires ou en achetant des plats déjà préparés en épicerie.

Je n'en ai énuméré que cinq, mais il en existe plusieurs autres ! L'important est de rester bienveillant envers soi-même dans tout ce processus, de se donner le droit de se tromper et d'être imparfait. Il faut permettre à notre tête et à nos papilles d'associer la cuisine à des moments de bonheur, de joie et de délice. Pas à une *to-do list* qui déborde.

Retrouvez une foule de recettes faciles et gourmandes sur le site infusemagazine.ca !

La culpabilité

Tout comme la charge mentale, on dirait que la culpabilité fait son arrivée lorsque l'on devient adulte, en même temps que les obligations et le mode de vie de grandes personnes.

La culpabilité est un ressenti bien complexe à expliquer. Nous en vivons tous, à divers moments et pour des raisons différentes. L'intensité de la culpabilité varie également d'une personne à l'autre.

La culpabilité est un nom féminin (est-ce pour cela que les femmes semblent plus enclines à la ressentir ?) qui est défini par le dictionnaire *Larousse* comme étant un « sentiment de faute ressenti par un sujet, que celle-ci soit réelle ou imaginaire ». Le fameux sentiment qui nous assaille une fois les enfants couchés, lorsqu'on se dit qu'on aurait dû être plus doux, plus calme. Le sentiment qui nous envahit pour nous rappeler que nous n'avons pas finalisé le dossier comme promis. L'impression que nous n'en faisons jamais assez.

Mais à quoi sert la culpabilité, pourquoi la ressent-on et comment s'en débarrasser ? C'est ce que nous avons demandé à la Dre Lory Zephyr, psychologue, dans l'entrevue qui suit.

LA CULPABILITÉ

Entrevue avec la Dre Lory Zephyr, psychologue, cofondatrice de Ça va maman? et autrice

À quoi sert la culpabilité et pourquoi est-ce un sentiment que nous ressentons régulièrement?

D'une certaine façon, la culpabilité est au service de la race humaine. Plus précisément, elle est catégorisée comme une émotion morale puisqu'elle a pour but de guider nos actions vers l'intérêt collectif plutôt qu'individuel. C'est aussi une émotion sociale puisque nous la ressentons lorsque nous sommes en contact avec les autres.

Concrètement, nous nous sentons coupables lorsque nous évaluons que nous avons transgressé une norme morale et causé du tort à une autre personne, ou même à un animal! Ainsi, lorsque vous avez commis une faute, intentionnellement ou non, c'est la culpabilité qui vous pousse à tenter de réparer votre action. Dans cette optique, il n'est pas réaliste ni même souhaitable de ne pas ressentir de la culpabilité.

Tout comme les autres émotions, il n'est pas mal en soi de ressentir de la culpabilité. Cela est plutôt problématique quand elle devient envahissante. Par exemple, si je ressens souvent de la culpabilité au quotidien, que cela affecte même mon fonctionnement général ou m'amène dans un cycle psychologique négatif, alors un travail thérapeutique peut être nécessaire pour la reconnaître, la comprendre et la nuancer. À noter que, même si les termes sont souvent interchangeables dans le langage courant, la culpabilité est différente de la honte. La honte pousse l'individu à croire que sa personne entière est fautive (ex.: Je suis une mauvaise personne). De ce point de vue, la honte fragilise davantage l'estime personnelle et la santé psychologique de façon générale. En effet, la culpabilité montre à l'individu qu'il peut apporter un changement concret pour améliorer une situation. La honte, au contraire, occulte les possibilités de changement puisqu'on ne peut pas simplement changer qui on est.

Comment se manifeste la culpabilité?

La culpabilité peut se manifester de différentes façons. Certaines personnes peuvent ressentir des sensations qui s'apparentent à l'anxiété, comme des mains moites, la gorge nouée ou un point dans le ventre. Il peut aussi y avoir un aspect cognitif, comme une concentration des pensées sur l'événement ou l'action en question. En d'autres mots, on rumine ce qui s'est passé. La sensation physique liée à l'émotion de culpabilité peut engendrer de l'irritabilité ou un repli sur soi chez certaines personnes. D'autres pourraient se confondre en excuses pour tenter d'apaiser leur émotion. Bref, la première étape pour mieux apprivoiser la culpabilité pourrait être de la reconnaître grâce à ses manifestations physiques. Il peut ensuite être bon de cibler les moments où un recul est nécessaire pour mieux la désamorcer.

Comment apaiser ce sentiment de culpabilité au quotidien ?

Une réflexion est toujours nécessaire pour comprendre ce que l'on vit et comment on le vit. Par exemple, la culpabilité est-elle ressentie dans certains contextes précis ? Est-ce que cette émotion est liée à une personne en particulier ? Les réponses à ces questions orienteront le travail sur soi. À cet effet, les exercices d'autocompassion peuvent offrir une bonne amorce pour apaiser le sentiment de culpabilité au quotidien. L'autocompassion invite à se traiter soi-même avec autant de gentillesse et de compréhension qu'on le ferait avec un ami. En effet, les exercices d'autocompassion mettent en lumière que l'on a souvent des attentes envers soi-même qui sont supérieures à celles que l'on a envers les autres. Développer de l'autocompassion permet de reconnaître et d'accepter son propre ressenti plutôt que de chercher à faire « toujours et encore mieux ». Avec l'autocompassion, on se demande plutôt : « Qu'est-ce que je dirais à mon/ma meilleur(e) ami(e) qui vivrait une situation semblable ? » Dans cette perspective, on opte davantage pour une position qui comprend, motive, encourage, valide dans l'empathie. Le discours interne propose donc une option à la culpabilité, qui nourrit un discours interne négatif.

Retrouvez un balado sur la culpabilité sur le site infusemagazine.ca !

LA MATERNITÉ (ET LA PARENTALITÉ)

Tout comme la carrière, la maternité vient souvent chambouler nos vies. Nos priorités, nos intérêts, nos perceptions et notre style de vie changent. Pour le mieux, dirons-nous. Mais il demeure que tout changement amène son lot de défis, de peurs, de petits et de grands deuils.

La maternité peut nous pousser à tout remettre en question : notre style de vie, notre couple, nos loisirs, notre consommation, notre alimentation, notre travail...

En plus des changements que nous devons accueillir, la période suivant l'accouchement, aussi appelée « quatrième trimestre », un sujet peu abordé et pour lequel nous sommes bien mal outillées, peut avoir un réel impact sur notre équilibre de vie.

Le fameux quatrième trimestre

Il y a une multitude d'informations et d'inspirations disponibles à propos de la grossesse et de l'accouchement de nos jours. Bien sûr, chaque grossesse est différente et chaque bébé l'est tout autant.

Nous avons aussi accès à des livres et à des applications faisant mention de chaque stade vécu durant la grossesse. Nous pouvons nous informer et en parler. Nous avons droit à un suivi serré avec un médecin ou un gynéco. En d'autres mots, nous pouvons être prises en charge, nous faire rassurer.

Il en va de même pour l'accouchement. Il est clair que nous ne pouvons pas nous préparer à 100 % puisqu'une grande partie de ce moment unique est imprévisible. Toutefois, nous avons accès à des cours et à une panoplie de professionnels pouvant nous instruire et nous outiller pour accueillir cette épreuve physique et mentale.

Une grossesse à terme dure neuf mois complets, divisés en trois trimestres. Cependant, une fois notre bébé déposé sur nous, qu'en est-il de ces instants, de ces nouvelles sensations, de ces montagnes russes d'émotions ?

Sarah et Virginie

Lors de nos grossesses respectives, nous avons eu la chance de nous offrir un suivi personnalisé, à la maison, avec une accompagnante à la naissance (une doula) que nous avions soigneusement choisie. Avec notre doula, nous avons abordé tous les aspects de la grossesse et, surtout, de l'accouchement. Nous nous y sommes préparées avec soin, en faisant tous les exercices suggérés. Nous avons abordé l'allaitement et ce qui se passe généralement après l'accouchement (les hormones, l'humeur, les douleurs, les lochies, l'intimité, etc.).

Après réflexion, nous croyons qu'avant d'avoir vécu une grossesse et un accouchement, on ne peut pas vraiment savoir ce que cela implique. La montée de lait, les douleurs, le découragement, le manque de sommeil, l'impuissance face aux pleurs, l'inconnu, la culpabilité de ne pas avoir ressenti un attachement immédiat avec son bébé, le corps post-partum : tout cela, en même temps, en peu de temps. Nous croyons que nous ne pouvons pas nous y préparer totalement, mais que nous devrions faire une place plus grande à ce fameux quatrième trimestre pour normaliser ces nouvelles sensations, pour en parler. Le corps après l'accouchement est un autre thème qui mériterait plus de considération. On parle sans gêne de la grossesse, mais il est plutôt rare d'aborder ouvertement les saignements qui surviennent après l'accouchement, la tristesse qui peut nous envahir plusieurs fois par jour sans raison, et tout ce que la maternité après l'accouchement a de moins cute.

Différents trucs nous ont aidées à découvrir cette nouvelle réalité en douceur : la méditation ou la pleine conscience (en nourrissant bébé), la complicité avec notre conjoint, le fait de nous laisser aider, de nous faire confiance et d'avoir sous la main les bons outils (tire-lait, baume et crème, vêtements amples, etc.).

Un beau chaos

Souvent, lorsque nous parlons de notre vie depuis que nous avons des enfants, nous disons *un beau chaos*. Pourquoi chaos ? Parce que la vie avec des enfants est souvent mouvementée, changeante et pleine de défis. Elle est aussi magnifique, surprenante et valorisante. De là le beau chaos.

S'il y a une chose que la maternité nous a apprise, c'est que les choses sont cycliques, temporaires et que tout finit par passer. Même les moments les plus angoissants, frustrants, de doutes et de remises en question. Même les nuits de solitude, qui semblent interminables, passées à réconforter et à endormir bébé. Depuis que nous avons pris conscience de cette révélation, tout semble plus doux. Lorsque nous vivons une période difficile, nous nous répétons, un peu comme un mantra, que c'est une phase, un cycle.

La vie est composée de petits bonheurs simples. Apprendre à voir le grandiose dans la simplicité a aussi été une révélation depuis l'arrivée de nos enfants. C'est l'accumulation de tous ces moments de simplicité, passés ensemble, qui forgeront nos souvenirs, nos relations familiales. Attendre l'extraordinaire est vain. L'extraordinaire est partout, il suffit de savoir où regarder.

Voir le grandiose dans les petits moments, ça veut aussi dire :

- Regarder ses enfants dormir, manger, jouer, évoluer ;
- Voir la nature dans toute sa beauté ;
- Déguster un bon repas ;
- Rire sans être capable de s'arrêter ;
- Savourer les moments de calme ;
- Sentir le vent ou le soleil sur sa peau ;
- Lire un bon livre ;
- Prendre pleinement conscience de sa chance.

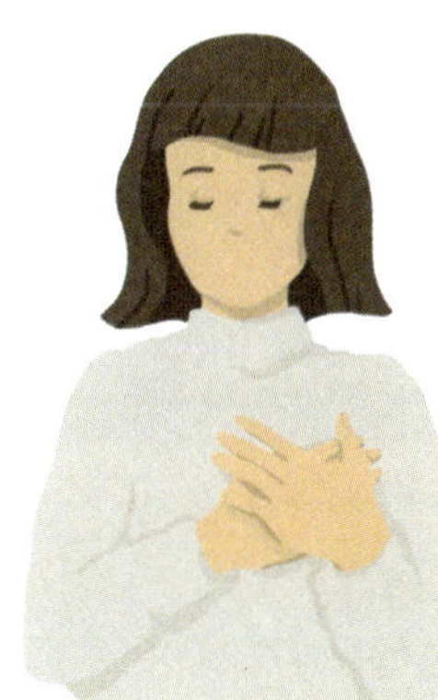

Le plancher pelvien

Si porter la vie et donner naissance nous ont fait prendre conscience de plusieurs choses et les ressentir, nos grossesses nous ont sans aucun doute fait réaliser la force inimaginable de notre corps. Porter la vie et donner naissance nous ont également démontré l'importance de certains muscles (moins populaires), qui contribuent au bien-être corporel.

> Que la force de votre café,
> de votre plancher pelvien,
> de votre intuition et de votre
> amour-propre soit avec vous.
>
> – Traduction libre, auteur inconnu

Le plancher pelvien est le grand gagnant de ces nouvelles constatations. On ne parle que très peu de ce muscle si important, qui est un grand méconnu de la santé globale. Le plancher pelvien permet de maintenir en place plusieurs organes du corps, tant chez la femme que chez l'homme (dont la vessie, l'utérus et le rectum). Découvrez ce muscle trop souvent ignoré dans l'entrevue suivante avec les physiothérapeutes en rééducation périnéale Douanka Gendreau et Tanya Gutierrez, fondatrices de Pelvi Life.

L'IMPORTANCE DU PLANCHER PELVIEN

Entrevue avec Douanka Gendreau et Tanya Gutierrez, physiothérapeutes en rééducation périnéale et fondatrices de Pelvi Life

Qu'est-ce que le plancher pelvien et quel est son rôle ?

Le plancher pelvien est un ensemble de muscles et de fascias qui s'étendent, comme un hamac, du pubis (os qui se trouve devant le bassin) jusqu'au coccyx (os qui se trouve au bout de la colonne vertébrale). Présents chez les femmes, mais également chez les hommes, ce sont les seuls muscles du corps humain responsables de la continence urinaire et fécale. Ils supportent aussi les organes pelviens et jouent un rôle dans la fonction sexuelle. Finalement, ils participent à la stabilité de la région lombo-pelvienne en travaillant de façon synergique avec les autres muscles du *core*.

Quels problèmes sont engendrés par des muscles du plancher pelvien faibles ?

Si vous souffrez d'incontinence urinaire ou fécale, d'hyperactivité de la vessie ou même si vous avez de la difficulté à atteindre l'orgasme, tout cela est peut-être relié à des muscles du plancher pelvien faibles. Cela dit, avoir une faiblesse au niveau pelvien peut passer initialement sous le radar, mais le temps peut aggraver ces inconforts. Le vieillissement et les multiples changements hormonaux qui surviennent chez la femme (grossesse, période postnatale, allaitement et ménopause) font ressortir certaines conséquences d'un plancher pelvien affaibli. Prendre soin de son plancher pelvien en prévention ou dès l'apparition de symptômes permet d'améliorer sa qualité de vie, et ce, dans toutes les sphères.

Pourquoi faut-il prendre soin de son plancher pelvien ?

Pour de nombreuses raisons. Les symptômes suivants indiquent généralement qu'il est temps de le dorloter : fuites urinaires, envies d'uriner fréquentes, sensation de lourdeur périnéale, douleurs durant les relations sexuelles, etc. Les troubles de la région intime sont fréquents, quoiqu'encore bien tabous. Selon les symptômes, les muscles du plancher pelvien peuvent avoir besoin d'être renforcés ou relâchés (parfois les deux) ! Il ne faut pas renforcer à tout prix, cela dépend de la condition ! Exercer son plancher pelvien permet de contrôler les symptômes dérangeants qui minent le quotidien. Résultat final : au revoir culottes mouillées par les fuites urinaires, bye bye sensations de lourdeur périnéale et bonjour vie sexuelle sans douleur !

Est-ce que les muscles du plancher pelvien doivent être renforcés uniquement après un accouchement ?
Contrairement au mythe populaire, le renforcement des muscles du plancher pelvien durant la grossesse est également recommandé. Des exercices comprenant une phase de contraction et une phase de relâchement, lorsqu'ils sont exécutés durant la grossesse, permettent de contrôler (et de prévenir) les pertes urinaires, entre autres. Ils augmentent également la proprioception de la région périnéale (ce qui peut améliorer l'efficacité de la poussée durant l'accouchement, car ils permettent de mieux comprendre comment garder les muscles détendus). Évidemment, les exercices des muscles du plancher pelvien sont essentiels suivant l'accouchement, mais il ne s'agit pas du seul moment où il est important de renforcer cette musculature. Certaines autres périodes de la vie sont plus rudes sur le plancher pelvien : la grossesse et la ménopause. Les exercices de renforcement peuvent être effectués en présence de symptômes uro-génitaux, mais durant ces trois périodes, nous recommandons aussi d'agir en prévention. Prendre soin de son plancher pelvien, c'est le faire tout au long de sa vie !

Retrouvez un balado sur le plancher pelvien sur le site infusemagazine.ca !

Sarah

Depuis que je suis ado, ma mère me répète de faire mes exercices de Kegel. Sans trop savoir à quoi cela pouvait servir concrètement, je les faisais. À mon premier accouchement, j'ai pratiqué les exercices de renforcement et d'étirements du périnée, à la recommandation de ma doula, ce qui m'a beaucoup aidée durant mon quatrième trimestre. À mon second accouchement, j'ai fait la même chose, mais je me suis ensuite offert des séances de rééducation périnéale afin de m'assurer que mon plancher pelvien était pleinement fonctionnel. En deux séances (et des exercices à la maison), j'ai retrouvé ma force et mon endurance, et mes douleurs ont disparu. J'ai pu recommencer à être active, et ce, sans crainte. Comme on dit, mieux vaut prévenir que guérir !

Let it go !

Tous les parents ont un parcours différent avec la parentalité. Une relation personnelle avec l'allaitement, le biberon, la routine du dodo, les siestes, la sécurité, etc. Nos enfants sont tombés. Certains ont eu des suces, d'autres pas. Nous sautons parfois l'heure du bain. Nos enfants mangent (parfois) du sucre. Une journée, on est dans le cododo, d'autres fois, on bénit les lits séparés. Nous perdons patience. Nous doutons. Nous tentons de tout gérer. Nous voulons que la maison soit propre et rangée et que de bons repas équilibrés soient servis. Parfois c'est le cas, d'autres non.

Le lâcher-prise est un concept que l'on apprend à gérer lorsqu'on devient parent. Lâcher prise demande de faire preuve d'ouverture, de modifier son regard sur le monde, de s'ouvrir à l'imprévu sans résister ou combattre. C'est difficile lorsqu'on est parent, puisqu'on doit apprendre à laisser vivre de nouveaux êtres, en s'assurant de leur offrir ce dont ils ont besoin, tout en continuant à vivre pour soi-même, avec ses responsabilités et ses besoins (être productif, reconnu, etc.). Apprendre à lâcher prise, c'est difficile, mais tellement libérateur.

Pistes de réflexion pour apprendre à lâcher prise :

- Prendre une pause un instant ;
- Se connecter aux autres ;
- Être dans le moment présent ;
- Apprendre à relativiser ;
- S'organiser, tout en restant fluide ;
- Respirer.

Retrouvez une méditation #RespireDansTonCoeur qui favorise le laisser-aller sur le site infusemagazine.ca !

La fatigue

La fatigue*, cette sensation d'être à plat, d'avoir l'esprit flou ou de ne jamais être en pleine possession de ses moyens, vous connaissez ?

Voici quelques actions simples pour en contrer les effets :

- chanter et danser ;
- rire ;
- faire le plein de vitamine D (en prenant du soleil !) ;
- marcher en nature ;
- éviter d'augmenter sa fatigue en y prêtant trop attention ;
- arrêter d'anticiper la fatigue ;
- utiliser des huiles essentielles pour s'énergiser ;
- s'offrir un moment de détente (avec bain moussant et bougie, par exemple) ;
- boire de l'eau ;
- établir une intention positive pour la journée ;
- faire de l'écriture automatique (*journaling*, voir le chapitre 4) ;
- identifier les tâches, les activités ou les éléments qui drainent l'énergie, et les faire à des moments stratégiques.

Notre boîte à outils parentale antifatigue !

Notre boîte à outils est bien garnie, puisque nous avons eu le bonheur de travailler à l'enrichir pour alimenter les différents contenus et plateformes d'Infuse magazine depuis plus de huit ans. Nous savons ce qui fonctionne pour nous, tout en étant conscientes que cette boîte à outils est en constante évolution et change en fonction des différents cycles de la vie.

La maternité est venue modifier et bonifier cette boîte à outils, nous permettant de mieux naviguer à travers les déséquilibres de la parentalité. Voici nos petits conseils… à adopter ou à adapter !

---

* Cette section a pour but de vous inspirer et de vous faire réaliser que vous n'êtes pas seul dans cette situation. Elle ne remplace en aucun cas une rencontre avec votre professionnel de la santé si vous constatez que vos symptômes de fatigue semblent anormaux ou nuisent à votre qualité de vie.

ÉVITER LES STIMULANTS EN SOIRÉE (DEUX HEURES AVANT LE COUCHER)

Évidemment, avec de jeunes enfants, les soirées et les nuits ne sont pas régulières et sont parfois courtes ! Autant que possible, nous tentons d'éviter de manger ou de boire des stimulants (café, chocolat, sucre) après 19 h 30 en semaine. Cela nous aide énormément au niveau de l'endormissement et de la qualité du sommeil. Mais ce n'est pas une règle absolue ! Notre truc pour nous réconforter en fin de soirée ? Nous préparer une bonne tasse de tisane ou de *rooibos latte* !

PRIVILÉGIER UNE ALIMENTATION SAINE, VARIÉE ET ÉQUILIBRÉE

La fatigue amène souvent l'envie de manger sucré ou gras (sans en retirer de réel plaisir) et mène même à oublier de prendre soin de soi (par impression de manquer d'énergie).

Sans parler de régime ou de restriction alimentaire (au contraire !), il est important de se rappeler l'importance d'honorer sa faim et de s'assurer que l'alimentation apporte l'énergie nécessaire au bon fonctionnement du corps et satisfasse pleinement. Même si l'esprit a tendance à se laisser tenter par des envies de sucreries et de cochonneries, le corps, lui, a doublement besoin d'être rassasié avec des aliments frais et complets, des grains entiers, de bons gras et des protéines, en plus d'être bien hydraté.

SE METTRE DANS DES DISPOSITIONS FAVORABLES AU SOMMEIL

On le sait tous, mais peu y arrivent. Plusieurs facteurs viennent influencer la durée de nos nuits. On dit qu'un adulte devrait dormir entre sept et neuf heures par nuit. Avec des enfants (surtout en bas âge), cela devient moins facile. Cependant, permettez-vous de prendre du temps pour vous et de vous coucher plus tôt afin de bénéficier du maximum d'heures de sommeil. Bébé s'endort à 20 heures ? Pourquoi ne pas en profiter pour vous coucher tôt pour bénéficier d'heures supplémentaires de sommeil ?

La méditation, le yoga doux, des exercices de respiration, la cohérence cardiaque et la lecture sont tous des activités pouvant favoriser le sommeil.

SE CRÉER UNE ROUTINE DU DODO FLEXIBLE

Une bonne hygiène de sommeil peut dépendre de plusieurs choses, mais avoir une routine du dodo est vraiment efficace pour se préparer mentalement à aller au lit. Il faut prévoir, si possible, un temps sans écran avant l'endormissement.

La flexibilité dans la routine, ça peut paraître contradictoire, mais ça apporte une belle fluidité. Bébé est plus irritable et vous aussi ? Pourquoi ne pas tenter de prendre le bain avec lui et d'allonger le moment ? Il est également bon de varier les rôles : un soir c'est papa qui lit l'histoire, demain ce sera maman ! Rester flexible permet souvent de désamorcer des situations irritantes.

Virginie

Autant que possible, j'essaie de ne plus toucher à mon cellulaire après 20 heures. C'est parfois difficile parce que j'adore regarder des inspirations décos et lire des publications inspirantes sur Instagram, ou encore des articles sur le développement personnel ou celui de l'enfant. Cela dit, avec les années, j'ai pris conscience que ça empirait mon hyperactivité mentale et j'ai appris à mettre le cellulaire et la tablette de côté pour plutôt écouter une émission apaisante (de style téléroman, pour mettre la « switch à off »*), lire un livre, prendre un bain ou une douche, faire du yoga doux et relaxant ou de l'introspection. Bref, prendre du temps pour moi – c'est d'ailleurs le seul moment où je peux me retrouver seule avec moi-même et pleinement en profiter puisque tout le monde est couché.*

Sarah

Personnellement, j'ai beaucoup de difficulté à réduire mon temps d'écran avant le dodo. Ce n'est pas le cellulaire, mais j'aime bien écouter une série avant de dormir. J'ai donc appris à m'analyser pour voir ce qui m'aidera le plus : certains soirs (où je suis plus agitée), je lis, et d'autres soirs (où je me sens plus posée), j'écoute quelques épisodes d'une série calme en buvant une tasse de tisane (de valériane ou de camomille, par exemple) favorisant le sommeil. Encore une fois, la connaissance de soi est une précieuse alliée. Et bien sûr, il faut accepter le fait que chaque soir est différent, selon l'humeur des enfants !

SE PERMETTRE DE DÉLÉGUER (ET DEMANDER DE L'AIDE !)

Tant au bureau qu'à la maison, on devrait pouvoir compter sur nos collègues et nos conjoints pour une division des tâches adéquate. On ne le répétera jamais assez : la communication, c'est la clé. Par exemple : une semaine où le travail prendra beaucoup plus de place, avisez votre conjoint afin qu'il en prenne un peu plus et vice-versa, ou permettez-vous de demander de l'aide à votre entourage pour les activités des enfants.

La société dans laquelle nous évoluons est très axée sur la performance et il est important de se rappeler que demander de l'aide ne représente pas un signe de faiblesse ; au contraire, c'est plutôt synonyme d'être à l'écoute de ses besoins. Vouloir en faire trop, c'est comme pas assez en faire. Il faut parfois lâcher prise et se laisser aider.

S'ORGANISER

Une bonne organisation nous permet d'éviter le petit hamster qui s'agite et nous gruge de l'énergie. Il est donc important de développer notre propre méthode d'organisation afin de bien gérer nos tâches personnelles et professionnelles pour qu'elles n'accaparent pas notre esprit tout au long de la journée. Plusieurs outils d'organisation sont abordés au chapitre 2.

Sarah

Personnellement, j'ai toujours un petit cahier de notes et un crayon sur ma table de chevet. Malgré ma bonne organisation, il m'arrive d'avoir des « flashs » d'idées ou de trucs à ne pas oublier avant de m'endormir. Je m'empresse alors de les noter dans mon cahier, sans allumer la lumière. Cela me vide automatiquement la tête et m'aide à m'endormir.

Virginie

Pour ma part, j'aime beaucoup utiliser notre outil de planification de la journée. Je le remplis la veille, ce qui m'évite de courir le matin et me permet de le déposer en fin de journée.

BOUGER

Le mouvement a tellement de bienfaits pour le corps et l'esprit. Il peut être guidé autant qu'intuitif, et adapté au niveau d'énergie pour énergiser ou apaiser. Que ce soit par la marche, la danse, le yoga, la nage, etc., l'important est de bouger tous les jours et d'apprendre à en apprécier pleinement les bienfaits.

APPRENDRE À ÊTRE PLUS INDULGENT ENVERS SOI-MÊME

Lorsqu'on est fatigué et qu'on a l'impression de ne pas être à son maximum, il peut être facile de s'autoflageller. Cela dit, il n'est jamais bon d'être dur envers soi-même. Ça ne fait qu'amplifier la vulnérabilité et le sentiment d'irritabilité qui sont liés au manque de sommeil.

Il faut se permettre d'accueillir cet état, même s'il n'est pas optimal. Il est temporaire et il vaut mieux l'accepter que d'essayer de le combattre. L'autocompassion est une alliée.

SE PERMETTRE DES MICROPAUSES

Cela peut paraître anodin, mais prendre des pauses ou des micropauses plusieurs fois dans la journée peut être très bénéfique. En effet, que ce soit pour le moral, la concentration, la posture ou le confort et la santé des yeux, il est primordial de s'accorder quelques minutes de détente ici et là.

Pendant ces pauses, nous vous suggérons quelques postures qui vous permettront d'éviter les maux de cou et de dos (le fameux *text neck*). Délier votre corps avec des étirements doux ou une danse intuitive (mettre de la musique et bouger, tout simplement !) fera un bien fou à votre moral et à votre corps, surtout si vous travaillez devant un écran.

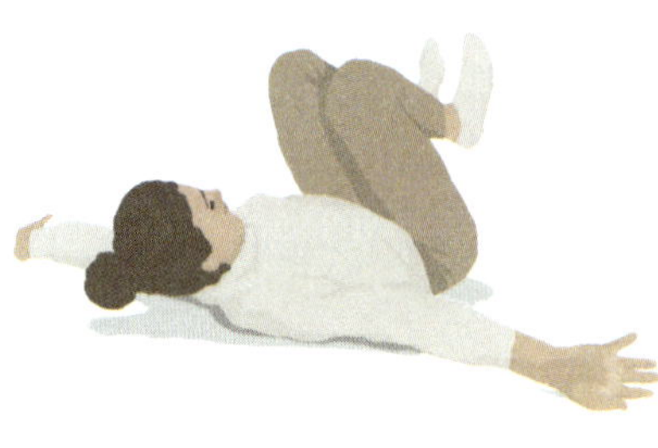

RESPECTER SON RÉSERVOIR D'ÉNERGIE

Nous avons tous une réserve d'énergie qui nous est propre. Bien souvent, nous pouvons avoir tendance à comparer notre énergie à celle des autres. Connaître et respecter notre réservoir d'énergie, sans le comparer, permet de nous préserver de la fatigue extrême.

Avoir un style de vie qui nous correspond et qui nous nourrit pleinement est tout un défi aujourd'hui, entre les différents chapeaux et rôles au quotidien, les tâches et les responsabilités et la comparaison. Les divers outils et pistes de réflexion proposés dans ce chapitre vous aideront à vous réaligner et à mieux vivre avec les déséquilibres constants.

#MADOSEBIENETRE

APPRENDRE À ACCEPTER CE QUI EST
ET VIVRE UNE VIE POUR SOI.

CHAPITRE 4

Se recentrer pour mieux se reconnecter

Lorsqu'on parle de reconnexion, de connexion à soi, que veut-on dire exactement ? Comment se reconnecter à soi ? Ou, à l'inverse, comment en arrive-t-on à se déconnecter de soi-même ?

La reconnexion à soi, c'est apprendre ou réapprendre à être à l'écoute de son corps, de ses émotions, et faire taire la petite voix dans notre tête qui nous dit que nous devrions faire plus, que nous ne sommes pas suffisants. C'est redonner voix à notre cœur et à notre corps, en faisant abstraction du mental.

Les signes de déconnexion de soi sont variés et peuvent inclure, entre autres :

- des changements d'humeur (colère, irritabilité et tristesse) ;
- de l'agitation mentale ;
- un manque ou une perte d'intérêt ;
- des tensions musculaires, notamment des maux de tête ;
- du stress et de l'anxiété ;
- de la fatigue.

La reconnexion prend du temps. C'est un processus qui peut évoluer tout au long de la vie. Savoir reconnaître les moments de déséquilibre permet d'y faire face plus doucement. Pour se reconnecter, il faut faire l'exercice de se recentrer.

Cela nous ramène à la tarte de vie du début du livre (voir la page 14). La différence entre la tarte réelle et la tarte désirée peut vous indiquer vos zones de déséquilibre. Pour vous reconnecter, il faudra alors réduire la différence entre les deux. Par où commencer ?

1. Faire de l'introspection. Revenir à soi. Se recentrer, le temps d'un instant. La méditation, la pleine conscience, la respiration, le yoga sont tous des techniques permettant de se reconnecter à soi-même.
2. Arrêter de se comparer. On a tous des vies, des réalités, des personnalités, des facteurs biologiques, sociaux, environnementaux et économiques différents. La comparaison peut être extrêmement néfaste. Nous l'aborderons au chapitre 5.
3. Diminuer son besoin de productivité et ses attentes. Il est tout à fait sain d'avoir des journées bien remplies. Le piège est de placer la barre toujours plus haut, d'avoir des objectifs et des attentes irréalistes et de toujours vouloir en faire plus. Concentrez-vous sur ce qui compte réellement pour vous. Sans vous juger.
4. Être davantage à l'écoute de son corps et de ses besoins. Arrêtez-vous quelques minutes par jour pour simplement vous demander : comment est-ce que je vais ? Comment est-ce que je me sens ? Les réponses à ces questions simples vous permettront de mieux vous comprendre. Pour approfondir la démarche, intégrez des moments de *journaling*, le matin au réveil ou le soir avant de vous coucher.
5. Apprendre à dire non. Dire non est plus facile à dire qu'à faire, nous en sommes bien conscientes. Mais apprendre à dire non, pour les bonnes raisons, est très libérateur. Lorsque l'on se connaît bien, il est plus facile de mettre ses limites et de canaliser son énergie. Savoir où investir temps et énergie est un précieux atout.
6. Penser à se déconnecter des écrans, des réseaux sociaux, des jeux vidéo, de la technologie. Se déconnecter du constant besoin de divertissement et d'instantanéité.

EXERCICE : LE JOURNAL DE GRATITUDE

Voici un exercice tout simple :

1. Dans un carnet, écrivez cinq choses pour lesquelles vous êtes reconnaissant dans votre vie ;
2. Inscrivez une intention pour la journée (par exemple : faire 20 minutes de yoga) ;
3. Terminez en écrivant ce qui vous passe par la tête, de façon intuitive et déstructurée.

Retrouvez un balado sur la déconnexion des réseaux sociaux sur le site infusemagazine.ca !

QUAND INTUITION RIME AVEC (RE)CONNEXION

L'intuition, cette petite voix intérieure, peut nous aider à faire des choix plus éclairés ou, du moins, qui nous ressemblent. Certains affirmeront ne pas croire à l'intuition, d'autres ne pas entendre cette fameuse petite voix. Bien que nous n'ayons pas de certitude scientifique à ce sujet, nous sommes persuadées que l'intuition rime avec la connexion à soi. Plus nous sommes alignés sur notre corps, notre cœur et notre tête, plus nous pouvons prendre des décisions qui auront un impact positif sur notre vie. C'est une croyance et non un fait, mais l'intuition peut parfois nous transmettre des messages que nous n'arrivons pas totalement à déchiffrer.

Je ne peux pas l'expliquer, mais ça ne me tente pas de faire cela.

ou

J'ai un mauvais pressentiment. Je préfère ne pas aller de l'avant.

Votre intuition peut vous guider dans vos ressentis, avant même que vous puissiez identifier les causes exactes de ceux-ci.

Virginie

Nous avons tous une vitesse de croisière différente. Pour ma part, j'ai besoin d'espace, de temps, de solitude, de mouvement pour laisser mes idées se placer. C'est en effet lorsque le rythme est trop effréné que je n'arrive pas à « bien » prioriser, que je sens une déconnexion d'avec mon intuition. Si j'ai longtemps « foncé dans le tas » sans trop me questionner, je me suis surprise depuis l'arrivée de Billie à vouloir tout arrêter pour mieux me reconnecter. Voilà un autre bel exemple de mon « intensité » : j'ai besoin d'aller aux extrêmes pour mieux me recentrer, me « rééquilibrer ».

Aujourd'hui, après de nombreuses années à prendre conscience que je peux être trop ou pas assez, je sais mieux déchiffrer mes pensées et reconnaître lorsque je suis déconnectée, lorsque je me laisse davantage guider par ma tête (voire mon ego) que par mon cœur.

En période de doute, de réflexion, de remise en question, prendre des moments pour être seule et me déposer m'aide à retrouver une certaine aptitude à prioriser plutôt qu'à me comparer. Je peux alors me demander : pourquoi je veux poser cette action ? Qu'est-ce qui me motive ? Est-ce vraiment nécessaire ?

Pour moi, l'intuition est une forme d'énergie quelque peu intangible que l'on a tous enfouie en nous, seulement avec le style de vie que l'on choisit de mener, ou qui nous est imposé, il y a souvent une déconnexion à ce niveau et on ne sait plus nécessairement ce qui nous pousse à agir et ce que l'on veut réellement être.

Sarah

Cela peut paraître ésotérique, mais je crois fermement en l'intuition. Pas en une voix magique qui peut prédire l'avenir, mais en une petite part du cerveau qui enregistre des éléments et des moments de notre vie et qui nous les transmet par ressentis dans certaines situations. J'ai des centaines d'exemples où j'ai ressenti que je devais dire non, que je devais m'en aller ou qu'une porte se fermait. J'ai également des centaines d'exemples où j'ai compris qu'il me fallait foncer, que le temps était venu et que cela allait fonctionner. Le plus souvent, ce sentiment se manifeste comme un malaise ou une euphorie, selon la nature de l'action. Une fois, ma petite voix m'a suggéré d'écrire à Virginie pour collaborer à un projet professionnel, sans la connaître. C'était un ressenti puissant et on connaît maintenant la suite ! Étant à l'écoute de mes pensées et de mon corps, je suis en mesure de mieux capter les messages de mon intuition.

Les façons de se connecter à soi sont multiples et varient d'un individu à l'autre. L'alimentation, la compréhension des émotions, la pleine conscience en sont quelques exemples concrets que nous explorerons.

L'ALIMENTATION POUR SE RECONNECTER

Le concept de l'alimentation intuitive est très simple. Il se résume à manger lorsque l'on a faim et à arrêter lorsque l'on ressent de la satiété. L'objectif derrière cette façon de voir l'alimentation est d'éliminer les régimes et les diètes, les restrictions alimentaires et la culpabilité. Manger intuitivement permet de se reconnecter à ses sensations et à son corps, de prendre soin de soi et (possiblement) de se réconcilier avec la nourriture.

L'alimentation intuitive ramène à l'essence même, à l'écoute de son corps. Apprendre à réellement faire la distinction entre la faim, la soif, le besoin de se distraire, les stresseurs, etc., permet de se connecter à ses besoins réels. Cela ne veut pas dire de manger quatre poutines par jour parce que c'est ce que l'on désire, mais plutôt de s'écouter, de manger en pleine conscience, de se nourrir d'aliments frais non transformés et de cuisiner davantage. Bref, tout réside dans l'action de se nourrir avec plaisir et intention. Voilà l'essence même de l'alimentation intuitive. Elle implique de penser à ce que l'on voudrait manger plutôt qu'à ce qu'on devrait éviter.

Quelques trucs pour commencer à cuisiner plus intuitivement

S'INSPIRER

Ça semble bien simple et évident, mais prendre le temps de s'inspirer en regardant des images de plats savoureux ou d'aliments frais peut donner envie de cuisiner et de manger certains mets.

Virginie et Sarah

Nous aimons toutes les deux feuilleter des magazines de recettes ou regarder des photos de plats sur Instagram et Pinterest. La plupart du temps, nous ne suivons pas de recettes, mais nous laissons inspirer par une image. Une photo de salade et de légumes grillés nous fait envie, mais nous n'aimons pas la sauce moutardée suggérée dans la recette ni les choux de Bruxelles ? Nous y allons avec l'idée générale, soit de cuisiner une belle salade tiède de légumes grillés, et choisissons les légumes qui nous font envie, tout simplement !

CHOISIR LES ALIMENTS AVANT LES RECETTES

Vous avez le goût de manger des tomates depuis une semaine ? Pourquoi ne pas simplement écouter cette envie qui vous inspirera une panoplie de recettes : sandwich aux tomates, mijoté à la tomate, ratatouille, etc. ? Écouter vos envies alimentaires fait partie de ce processus de non-restriction et cela vous permettra d'éviter de compenser ailleurs puisque vous vous ferez plaisir. On mange d'abord avec les yeux ; alors, si les aliments vous font de l'œil et vous donnent envie de cuisiner, allez-y !

Si l'appétit vient
en mangeant,
le plaisir de cuisiner
vient en pratiquant !

CUISINER DAVANTAGE ET DANS LE PLAISIR !

Bien sûr, il n'est pas donné à tous d'être un bon cuisinier et encore moins d'aimer faire la cuisine. Si vous désirez commencer à cuisiner ou à approfondir vos connaissances, faites-le dans le plaisir et à votre rythme. Laissez-vous d'abord guider par les aliments qui vous interpellent ; au besoin, suivez des recettes, puis lentement mais sûrement et au fil de vos apprentissages, libérez votre créativité. Réapprenez à vous écouter, à vous faire confiance.

Que ce soit en écoutant de la musique ou des podcasts, prenez plaisir à cuisiner seul ou en famille. Plutôt que de voir la cuisine comme une tâche, percevez-la comme un moment méditatif ou encore à partager avec votre conjoint et les enfants.

Rappelez-vous que l'alimentation intuitive, ce n'est pas uniquement ce que vous mettez dans l'assiette, mais plutôt le plaisir que vous prenez à choisir et à préparer les aliments avec lesquels vous souhaitez vous nourrir.

APPRENDRE À ÉCOUTER SON RESSENTI

Comme mentionné précédemment, se reconnecter à soi, se recentrer peut se faire de mille et une façons.

Manger intuitivement, se déconnecter, analyser sa présence sur les réseaux sociaux, bouger, méditer, respirer sont toutes des façons de se reconnecter. Apprendre à s'écouter pour se reconnecter est un art, un apprentissage. Il peut parfois être difficile de comprendre les messages envoyés par la tête et le corps à travers les émotions et les ressentis.

Une bonne façon de renouer avec ses idées, ses pensées, ses ressentis, c'est de prendre 10 minutes pour mettre sur papier, dans un cahier secret pour ne pas se censurer, tout ce qui vient en tête. On peut aussi prendre quelques minutes par jour pour lire un article d'une revue scientifique, un livre de développement personnel, un roman divertissant, etc. Varier les types de lectures favorise l'ouverture à différents ressentis. On peut aussi marcher en silence ou en écoutant de la musique. En général, observer ce qui se passe lorsqu'on vit quelque chose permet d'écouter son ressenti et de mieux comprendre ses émotions.

Sarah

Une chose importante que les séances avec ma psychologue m'ont apprise, c'est de mieux interpréter les différentes émotions que je peux ressentir et d'apprendre à les gérer plus adéquatement. Les émotions sont des messages et être en mesure de les décoder est grandement apaisant. Savoir prendre le recul nécessaire pour les décortiquer fait partie d'un processus de reconnexion.

Afin de mieux comprendre les émotions et ce qu'elles peuvent tenter de nous transmettre, nous avons demandé à Paola María Akl Moanack, psychologue chez Meetual, de répondre à quelques questions.

LES ÉMOTIONS

Entrevue avec Paola María Akl Moanack, psychologue chez Meetual

Qu'est-ce qu'une émotion ?

Le mot « émotion » vient du latin *emotio*, qui signifie mouvement, pulsion. Par hiérarchie et chronologie, les émotions précèdent les pensées. Ce sont des réactions organiques (physiologiques, psychologiques ou comportementales) déclenchées par une altération de l'humeur, courte mais intense, que l'individu ressent face à certains stimuli externes et qui lui permettent de s'adapter à une situation. D'ailleurs, les émotions assurent la survie de certains êtres vivants.

Quelles sont les six émotions principales ?

La peur

La peur nous permet de réagir face à une situation de danger. La circulation sanguine s'active, surtout autour des extrémités, pour que nous soyons en mesure de lutter ou de fuir. Au contraire, le sang diminue au niveau du visage et en surface de la peau, pour éviter de trop en perdre en cas de blessure, ce qui explique notre pâleur lorsque nous vivons cette émotion. Bref, la peur nous empêche d'avoir des comportements imprudents susceptibles de mettre notre vie en danger et nous prépare à survivre aux dangers réels.

La colère

Les changements physiologiques de notre corps face à la colère nous préparent à lutter. Il y a, entre autres, une augmentation de l'adrénaline qui nous permet de nous concentrer sur les obstacles qui nous empêchent d'atteindre nos objectifs ou sur les responsables de notre frustration. Bref, grâce à la colère, le corps mobilise l'énergie nécessaire pour éliminer ou contourner ces obstacles et poursuivre nos objectifs. L'agressivité n'est pas nécessairement la réaction propre à la colère. Au contraire, elle nous déroute souvent dans notre tentative de réaliser nos objectifs.

Le dégoût

Le dégoût nous pousse à nous éloigner des substances toxiques susceptibles de nous empoisonner si on les mange, ou même si on les touche. Il nous permet de développer des habitudes de vie plus saines et hygiéniques pour nous maintenir en bonne santé.

La surprise

La surprise a aussi une fonction biologique qui assure notre survie. Nous la vivons face à une situation nouvelle ou à laquelle nous ne nous attendions pas. La surprise nous fait ouvrir grand les yeux et augmente notre activité neuronale, stimulant particulièrement le sens de l'orientation, la mémoire et l'attention. Cela nous permet d'avoir accès à la plus grande quantité d'informations possible, de la traiter rapidement et d'évaluer la situation afin de réagir de façon adéquate.

La joie

La joie augmente l'activité neuronale, permettant ainsi d'inhiber les sentiments négatifs et de diminuer les pensées anxieuses. Quand nous ressentons de la joie, nous expérimentons plus d'énergie et sommes plus motivés pour faire des choses. Elle nous offre avant tout une sensation de rapprochement qui facilite l'interaction sociale et favorise les comportements prosociaux (coopération, solidarité, etc.). De plus, la joie diminue le stress, ce qui aide à atténuer l'anxiété et l'agressivité.

La tristesse

La tristesse nous permet de nous adapter à une perte significative. L'organisme diminue l'énergie en nous invitant à un état d'introspection pour pleurer la perte, évaluer les conséquences de celle-ci dans notre vie et planifier un nouveau départ. Cette diminution d'activité pousse à valoriser certains aspects importants de la vie et facilite la connexion aux autres en favorisant le sentiment d'empathie.

Comment les émotions peuvent-elles nous permettre de nous reconnecter à nous-mêmes ?

Nous devons apprendre à écouter et à vivre nos émotions au lieu de les fuir. Toutes les émotions sont adaptatives et indispensables à notre survie. Les fuir, les étouffer ou même tenter de les supprimer, c'est mettre notre santé physique et psychologique en danger. Comprendre cette dynamique et accueillir la tristesse et la colère comme des coéquipières et non des ennemies nous permettra de développer des stratégies pour réagir différemment et être plus en santé. Tout s'apprend. Même accueillir et gérer les émotions naturelles au lieu de lutter contre elles, et finalement apprendre à lâcher prise.

ARRIVER À SE RECONNECTER

Arriver à mieux comprendre vos émotions et leur influence sur vos pensées est un travail colossal. N'hésitez pas à demander de l'aide à un professionnel, au besoin. Cependant, quelques pratiques peuvent vous soutenir dans cette démarche introspective. C'est le cas de la pleine conscience et de la méditation.

La pratique de la pleine conscience

La pleine conscience est un moment d'attention entièrement consacré à l'expérience en cours, sans jugement, doucement et sans attente. Nous la vivons tous, souvent sans le savoir, en regardant un coucher de soleil, en pratiquant un sport ou en peignant une toile, par exemple.

La méditation est une pratique qui permet de développer la pleine conscience, entre autres.

> *En général, la méditation de pleine conscience consiste à ancrer son esprit à un « objet de méditation » neutre. Il peut s'agir de votre respiration, de vos sensations physiques ou de vos sons, par exemple. L'instruction initiale est de placer votre attention sur votre objet de méditation, et chaque fois que vous remarquez que l'esprit s'est égaré, de replacer doucement votre attention sur votre objet ou point de focalisation.*
>
> – Dawn Mauricio, extrait tiré de l'article « Qu'est-ce que la pratique de la pleine conscience ? », publié sur le site infusemagazine.ca

Virginie

La première fois que j'ai rencontré Dawn, j'ai tout de suite été interpellée par son énergie. C'est comme si je réalisais à quel point l'énergie et la sérénité pouvaient cohabiter. Elle était posée, sereine, détendue mais en même temps habitée, animée.

Comme elle est une professeure renommée de méditation et de pratique de pleine conscience, j'aurais pu, avant de la connaître, l'imaginer assise sur un tapis, l'air serein et posé, comme l'archétype d'un moine bouddhiste dont les émotions sont toujours bien canalisées et à qui on ne peut pas vraiment s'identifier car il est trop loin de notre réalité. Mais Dawn montre que l'on peut être les deux à la fois. Grâce à ses différents apprentissages personnels, elle sait transmettre des outils précieux pour calmer l'esprit et prendre conscience de ce que l'on dit, de ce que l'on fait et de ce que l'on projette.

La pleine conscience est l'un des outils qui m'ont le plus aidée à intégrer davantage d'introspection à mon quotidien, en accomplissant des tâches qui peuvent paraître anodines. Elle me permet de prendre du recul, de revenir à ma respiration quand mon esprit part en vrille, et m'aide à me connecter à mes émotions pour les identifier, les reconnaître, les gérer et les canaliser. C'est un outil puissant et je lui serai éternellement reconnaissante des enseignements qu'elle m'a, intentionnellement ou non, transmis.

La respiration

Un peu plus tôt dans le livre, nous avons abordé le *breathwork* (voir la page 37) et l'importance de la respiration dans l'apaisement et la reconnexion. La respiration profonde permet d'augmenter l'apport en oxygène au cerveau et, donc, d'améliorer l'équilibre du système nerveux, ce qui diminue la production de cortisol, l'hormone du stress.

PRATIQUER LA RESPIRATION PROFONDE

La respiration profonde est lente et abdominale. Pour la pratiquer, il suffit de respirer par le ventre.

La respiration profonde peut se faire partout :

- en voiture ou dans les transports en commun ;
- assis à votre bureau ;
- en marchant ;
- pendant une activité douce comme la méditation ou le yoga ;
- dans votre lit ;
- chaque fois que vous y pensez !

Comment faire ?

1. Étirez votre colonne vertébrale.
2. Roulez les épaules vers l'arrière (en rapprochant les omoplates).
3. Prenez une longue inspiration (comptez jusqu'à 5).
4. Maintenez l'inspiration (comptez jusqu'à 2).
5. Expirez doucement (comptez jusqu'à 5).
6. Répétez le tout trois fois (ou plus !).

Pour vous énergiser, allongez le temps d'inspiration (comptez jusqu'à 6) et réduisez le temps d'expiration (comptez jusqu'à 4).

Pour vous apaiser, réduisez le temps d'inspiration (comptez jusqu'à 4) et allongez le temps d'inspiration (comptez jusqu'à 6).

Les bienfaits d'une bonne respiration sont multiples. Elle permet, entre autres :

- d'augmenter le taux d'oxygène dans le sang ;
- d'améliorer sa concentration ;
- de s'énergiser ;
- de s'apaiser ;
- de mieux gérer ses émotions ;
- de s'ancrer dans le moment présent.

La cohérence cardiaque est également une technique simple et efficace pour s'apaiser. Elle permet de réguler le rythme cardiaque en quelques minutes, grâce à la respiration. Elle réduit le stress et l'anxiété, tout en diminuant la tension artérielle.

Retrouvez des articles et des méditations guidées sur le site infusemagazine.ca !

La méthode STOP

La méthode STOP en est une de pleine conscience, qui nous a été enseignée par Dawn Mauricio (enseignante de méditation et collaboratrice d'Infuse magazine depuis de nombreuses années). Elle fait partie des outils bien-être que nous utilisons de longue date. Nous aimons nous envoyer un message ou un texto, mentionnant uniquement STOP, afin de rappeler à l'autre (et à nous-mêmes !) de prendre le temps d'arrêter, de respirer et de se reconnecter.

S pour « *stop* » : je prends un temps d'arrêt ;
T pour « *take a deep breath* » : je respire profondément ;
O pour « observe » : j'observe ce qui se passe dans mon corps, dans ma tête, comment je me sens là, maintenant. Je me connecte à moi-même ;
P pour poursuivre : je décide de continuer, j'intègre mon ressenti et l'accepte.

La psychothérapie

La psychothérapie, avec un psychologue ou un psychothérapeute, peut être une démarche qui effraie, qui semble engageante. Peut-être pensez-vous que les psychologues sont là uniquement pour des personnes qui vivent des crises existentielles intenses ? Peut-être avez-vous des réticences à discuter de votre santé mentale ? Pourtant, la santé mentale est tout aussi importante que la santé physique. Et si vous aviez une infection urinaire, hésiteriez-vous à consulter un médecin ?

Sarah

Je consulte une psychologue depuis plus de cinq ans. J'en parle régulièrement et ouvertement dans des articles et des épisodes de podcast afin de normaliser cette pratique. Consulter un psychologue ou un psychothérapeute est aussi banal que de consulter un massothérapeute lorsque nous nous sentons tendus. Le bien-être psychologique ne devrait plus être tabou, et parler à un intervenant qualifié et objectif peut faire tellement de bien. J'aime souvent dire que ma psychologue, en m'écoutant parler, fait une petite balle de laine toute ronde avec mon nœud de pensées et de ressentis.

LA RECONNEXION À SOI

Passer du temps seul

Se fixer des objectifs

Laisser venir les émotions

Apprendre la respiration profonde

Pratiquer l'écriture automatique (*journaling*)

Danser

Chanter

Se connecter avec la nature

Méditer

Regarder un coucher de soleil, la lune, un beau paysage

Aller à un cours de yoga

Ces rencontres avec un professionnel de la santé mentale peuvent faire un bien fou. Il y a autant de façons de se reconnecter qu'il y a d'individus. Il suffit de trouver notre propre dose de bien-être, ce qui nous fait du bien.

Savoir quand et comment se recentrer n'est pas simple. Dans le brouhaha du quotidien, c'est souvent la première chose que nous mettons de côté. Cependant, nous croyons que la reconnexion à soi, et le fait de savoir reconnaître et gérer nos différents ressentis et émotions, nous permettent de vivre plus doucement et en cohérence avec nous-mêmes. N'hésitez pas à replonger dans ce chapitre aussi souvent que nécessaire si vous avez besoin de petits rappels !

#MADOSEBIENETRE

PRENDRE DU RECUL, SE RECENTRER AUSSI SOUVENT QUE POSSIBLE.

CHAPITRE 5

Éviter la comparaison

La comparaison est un phénomène naturel, qui existe depuis que le monde est monde et qui nous concerne tous (à différents degrés).

La comparaison peut être saine, principalement lorsqu'elle permet de s'améliorer et d'évoluer. Cependant, lorsqu'on se compare pour se donner raison, pour prouver qu'on est meilleur ou plus valable qu'un autre, ou, au contraire, qu'on ne vaut rien ou qu'on en vaut moins la peine, la comparaison devient alors malsaine et néfaste.

LA COMPARAISON À L'ÈRE DES RÉSEAUX SOCIAUX

La comparaison est un phénomène qui peut être amplifié par la consommation de différentes plateformes Web. Au chapitre 4, nous avons d'ailleurs abordé le sujet des réseaux sociaux et l'importance de savoir s'en déconnecter.

On en parle de plus en plus et de façon plus catégorique : le piège, lorsqu'on se compare à travers les réseaux sociaux, c'est de croire que le contenu diffusé est une représentation de la réalité, de la vraie vie.

Les belles photos retouchées prises du meilleur angle possible, les décors à faire rêver, tout cela porte à la comparaison et peut faire naître des émotions négatives telles que la jalousie, le ressentiment, la colère, la tristesse, l'envie ou la dévalorisation de soi. Puisque nous percevons les images consultées de « gens que nous connaissons » comme étant la réalité, nous avons tendance à les comparer avec notre vie, et celle-ci peut paraître bien fade. Les autres peuvent sembler avoir tout pour eux.

Il est important de prendre suffisamment de recul pour bien voir la situation et reconnaître que ce que l'on nous montre ne reflète pas la réalité ou, du moins, qu'elle ne représente qu'une petite portion de la réalité (qui a été judicieusement choisie et possiblement retouchée).

Il devient alors important de retourner à soi avec bienveillance, de reconnaître ses priorités et sa valeur autrement qu'à travers le regard de l'autre et de se poser la question : et si la comparaison affectait mon bien-être ?

Personne ne se soucie de ta présence sur les réseaux sociaux autant que toi-même.

RÉFLEXION SUR L'IMPACT DES RÉSEAUX SOCIAUX SUR LE BIEN-ÊTRE

Prenez quelques instants pour réfléchir à ces questions (vous pouvez écrire les réponses intuitivement, sans vous soucier du résultat, dans un cahier):

- Qu'est-ce que j'apprécie dans le fait d'utiliser les réseaux sociaux?
- Mon utilisation des réseaux sociaux a-t-elle des impacts sur ma relation avec moi-même?
- Ai-je déjà vécu un moment où j'étais plus intéressé à faire une photo ou une vidéo qu'à vivre pleinement l'instant présent (un concert, un repas au restaurant, un moment en famille)?
- Ai-je déjà ressenti de la déception ou de la colère à la suite de la publication d'une photo qui n'était pas à mon goût ou qui n'a pas suscité autant de mentions «J'aime» que je le souhaitais?

Il n'y a pas de bonne ou mauvaise réponse. Les réponses pourront vous guider vers une meilleure compréhension de votre relation avec vous-même et votre image, en lien avec la consommation des différents réseaux sociaux.

Découvrez une méditation guidée pour comprendre l'impact des technologies sur le bien-être sur le site infusemagazine.ca !

SE DÉCONNECTER POUR MIEUX SE RECONNECTER

On en parle de plus en plus, la présence des technologies, principalement les réseaux sociaux, vient directement affecter notre bien-être et notre état d'esprit.

Apprendre à se déconnecter est, pour la majorité d'entre nous, très difficile et cela demande beaucoup de volonté au départ. Mais cette déconnexion permettra de libérer tellement de temps par la suite !

Quels sont vos passe-temps en dehors des technologies (réseaux sociaux, séries télé, applications de jeux ou jeux vidéo...) ? Si vous remplaciez 30 minutes ou une heure de télévision par autre chose, que feriez-vous de ce temps ? Faites le calcul, cela représente jusqu'à sept heures par semaine pour faire autre chose, pour prendre soin de vous, de votre famille, pour vous nourrir autrement.

La déconnexion technologique est une précieuse alliée dans la reconnexion à soi et il est important de s'assurer qu'elle vous permet de renouer avec ce qui se passe à l'intérieur de vous.

Et rappelez-vous : être accessible et joignable ne veut pas dire que vous êtes disponible.

infusemagazine

ANALYSER SA PRÉSENCE SUR LES RÉSEAUX SOCIAUX

Facebook, Instagram, YouTube, Snapchat, TikTok, etc., les différentes plateformes ont leurs bienfaits : inspirer, divertir, informer, socialiser, partager... Mais leurs côtés négatifs sont nombreux : cybercriminalité, intimidation, désinformation, comparaison, désillusion, isolement, dépendance. Avez-vous déjà prêté attention à votre présence sur les réseaux sociaux ?

Chez les jeunes, l'impact des réseaux sociaux se fait sentir sur leur estime personnelle et leur santé mentale. Ils montrent des symptômes de stress, d'anxiété et de dépression.

Les réseaux sociaux agissent comme des microclimats et les empêchent parfois – surtout ceux qui consomment beaucoup de contenus – de voir le monde dans sa globalité, avec ses subtilités.

Les algorithmes les poussant à suivre des comptes qui se ressemblent, ils manquent de vision sur certains sujets, et cela peut finir par leur jouer des tours dans leur vie personnelle ou professionnelle. Lorsque l'on a l'impression que « tout le monde » dans son fil Instagram a une vie pleine de voyages et de repas au restaurant, il peut devenir difficile d'accepter sa propre réalité. Apprendre à se déconnecter permet de remettre les choses en perspective.

Il n'y a pas de recette miracle pour analyser sa présence sur les réseaux sociaux, mais noter le nombre d'heures que l'on y passe par jour peut être un bon point de départ. Par la suite, il est bon d'être attentif aux émotions et aux ressentis qui surgissent lorsqu'on consulte différents contenus et d'éviter (se désabonner) les comptes et les contenus qui génèrent des émotions négatives.

Selon Statistique Canada :

- La génération Z (18-25 ans) passe en moyenne plus de trois heures par jour sur les différents réseaux sociaux.
- Soixante-cinq pour cent de la population mondiale (de 13 ans et plus) est présente sur les réseaux sociaux.
- Les 45-54 ans passent environ une heure et demie sur les réseaux sociaux par jour, comparativement à environ deux heures et demie pour les 25-40 ans.

Sarah et Virginie

Nous travaillons sur le Web depuis plus de huit ans et utilisons les réseaux sociaux (personnellement et dans le cadre de notre travail) pour diffuser les contenus que nous produisons sur le site infusemagazine.ca, mais également sur notre chaîne de podcasts. Nous sommes conscientes que les comptes Facebook et Instagram d'Infuse magazine agissent comme médias d'influence et qu'ils peuvent affecter le bien-être ou la perception de nos abonnés. Malgré cette connaissance de l'envers du décor, nous sommes tout de même affectées par certains contenus que nous voyons passer sur les réseaux ou par des publications qui déclenchent des vulnérabilités chez nous. Quelques fois par année, nous prenons donc le temps de faire le ménage des comptes et des gens que nous suivons sur les différentes plateformes.

QUAND IL EST TEMPS DE SE DÉSABONNER

Faire le ménage de ses réseaux sociaux comme on fait le ménage de sa maison est de plus en plus courant, considérant la place que les réseaux sociaux ont prise dans notre monde moderne.

Les signes qu'il est temps de se désabonner d'un compte :

- Certaines publications vous poussent à vous comparer ;
- Certaines publications vous énervent ;
- Vous ressentez une envie (presque obsessive) de tout voir sur cette personne ;
- Les valeurs et les publications de cette personne vous rendent mal à l'aise ;
- Vous vous mettez à parler en mal de cette personne (à porter un jugement sur sa vie).

Ces cinq signes sont de bons indicateurs que ces comptes ne vous apportent rien de positif, et même qu'au contraire, les suivre vous maintient dans un état non souhaitable (comparaison, jugement, envie, obsession, frustration, jalousie).

N'oubliez pas que vous êtes maître de votre consommation de réseaux sociaux. Cliquer sur SE DÉSABONNER ne coûte rien et ne prend qu'une petite seconde.

LE BONHEUR NE RÉSIDE PAS DANS L'IMAGE QUE L'ON PROJETTE

Le bonheur ne réside pas dans l'image que l'on projette... mais plutôt dans l'énergie que l'on reflète. L'équilibre et le bien-être physique et mental ne sont jamais acquis. C'est une quête continue que de se sentir bien, à l'intérieur comme à l'extérieur, et ce, tout en traversant les épreuves et les embûches que la vie met sur notre chemin. Ces déséquilibres constants nous permettent d'évoluer et de nous enrichir en tant que personnes. Le bonheur ne réside pas dans une image, un standard de beauté, une grande maison ou une voiture luxueuse. Il se découvre et se déguste. Il faut savoir le reconnaître et, surtout, l'apprécier. À force de nous comparer et d'être toujours dans la course à l'avoir, nous pouvons passer à côté de plusieurs petites perles de vie.

Comment ne pas tomber dans le piège de la comparaison ? Impossible. Cependant, il est possible de se mettre en lumière, de se valoriser, de se sentir bien et rayonnant, en se comparant sainement.

Bien se connaître, pratiquer la gratitude au quotidien, être authentique, prendre du recul et s'accepter dans sa parfaite imperfection sont d'excellents moyens d'éviter les comparaisons malsaines. Vous trouverez à la page suivante quelques façons de vous valoriser autrement que dans la comparaison.

Comment se mettre en lumière sainement

APPRENDRE À VOIR LES PETITS BONHEURS AU QUOTIDIEN (ET PARTOUT !)

La recherche constante de grands moments de vie, de ceux que nous voyons uniquement dans les films, qui nous marqueront à jamais, peut venir teinter notre vision du bonheur. Puisque les grandes choses sont composées de plusieurs petites, il est bon de savoir saisir les petits bonheurs quotidiens. En voici quelques-uns (libre à vous de trouver les vôtres) : commander son café préféré, déguster un bon repas, apprécier le rire d'un enfant, échanger un regard complice, verser une larme de joie, lire un bon roman, écouter le son de la pluie, s'offrir une journée de congé, ressentir le soleil d'été sur sa peau, etc.

CULTIVER L'AMOUR DE SOI

L'amour de soi est un sujet bien vaste, qui peut se traduire en une panoplie de gestes concrets. Cultiver l'amour de soi équivaut à se donner de l'amour et à prendre soin de soi afin de porter son attention sur ses points forts plutôt que sur ses points faibles. S'accepter, être doux avec soi-même, se trouver beau, nommer ses qualités, accepter ses limites, voilà des façons de cultiver cet amour.

S'ENTOURER DE GENS POSITIFS ET LUMINEUX

Le cercle social peut avoir un grand impact sur la confiance en soi et la tendance à tomber ou non dans la comparaison. Parfois, laisser aller des relations qui ne conviennent plus permet d'évoluer plus sainement et, à l'inverse, avoir un cercle familial et d'amis positifs permet de s'élever.

Avez-vous des gens dans votre entourage qui ont le bonheur facile ? Peut-être est-ce vous ? Côtoyer des gens pour qui le bonheur est partout est très nourrissant. Laissez-vous contaminer par cette énergie positive. Entourez-vous de personnes bienveillantes pour vous énergiser, vous stimuler, vous faire évoluer, et non pour vous comparer.

LE MIRAGE DE LA VIE PARFAITE

Dans cette quête de bonheur, de bien-être, il faut être prudent pour ne pas succomber à l'appât d'une vie parfaite.

Prendre sa santé mentale et physique en main peut devenir source de productivité, mais parfois aussi de comparaison : on fait du yoga chaud parce que ça semble correspondre à un certain style de vie, on tente de méditer sans vraiment réussir, on adopte un type de régime auquel on essaie de se conformer... Tant d'efforts dans différentes sphères de la vie pour correspondre à certains standards, à un certain style de vie.

On s'impose la réussite dans tout. Il faut avoir un travail valorisant, prenant, mais qui permet de voyager et de consommer, avoir un cercle social enrichissant, une bonne santé financière, physique et psychologique, cultiver nos relations familiales. Bref, avoir l'air parfaits, sans prôner la perfection.

Mais parfait pour quoi ? Parfait pour qui ?

Lorsque nous vivons à travers le regard des autres et dans la comparaison, diverses émotions peuvent nous assaillir puisque maintenir un niveau d'exigences élevé dans tout est non seulement épuisant, mais impossible : colère, anxiété, tristesse, sensation d'être moins que les autres en sont quelques exemples. Non seulement nous nous sentons dévalorisés, mais nos victoires et nos réussites ne sont pas célébrées parce que la barre est continuellement plus haute.

La satisfaction et la gratitude sont des émotions difficiles à atteindre et à ressentir lorsque nous sommes pris dans la dictature du bonheur, comme si la recette du bonheur existait et que nous étions les seuls à ne pas la connaître. Viser une vie parfaite devient néfaste lorsque cela nous rend malheureux, ainsi que nos proches. Nous sommes les acteurs principaux de nos vies, de nos choix. En ayant constamment le regard rivé vers un futur que nous envions, nous oublions de vivre l'instant présent.

Découvrez divers articles sur la comparaison sur le site infusemagazine.ca !

Nous vous proposons un petit exercice tout simple pour vous reconnecter avec votre vie parfaite.

Faites une faveur au monde, ne cachez pas votre magie.

– Yung Pueblo, traduction libre

TROIS QUESTIONS POUR SE RECONNECTER RÉELLEMENT

Prenez le temps de vous questionner sur votre style de vie et votre niveau de satisfaction par rapport à celui-ci, à l'aide de ces quelques questions:

1. Si les réseaux sociaux n'existaient pas, que ferais-je différemment?
2. Si j'avais à vivre la journée de demain en boucle, à quoi ressemblerait-elle?
3. Si personne ne savait ce que je fais dans la vie, que ferais-je (comme travail, comme loisir)?

Répondre à ces quelques questions simples peut être difficile. Prenez le temps d'y réfléchir et de bien intégrer les différentes émotions qu'elles peuvent susciter en vous.

Virginie

Je considère avoir une relation en constante évolution avec les réseaux sociaux. Je les ai longtemps utilisés pour les mauvaises raisons, sans m'en rendre compte. Je postais pour nourrir mon ego, être vue et entendue pour l'image que je projette et non pas nécessairement l'énergie que je reflète. Je réalise que j'ai cheminé dans les dernières années et que je les utilise maintenant de façon beaucoup plus consciente et saine. Tant les contenus que je consulte que ceux que je partage portent à la compassion et à l'inspiration plutôt qu'à la comparaison.

Même si ça fait 10 ans que j'ai décidé d'être présente sur les réseaux sociaux et que, travaillant avec ceux-ci, j'en connais bien les rouages, je suis consciente que leur utilisation peut parfois affecter ma santé mentale.

Lorsque je suis dans de bonnes dispositions et surtout que j'ai fait le ménage dans les comptes auxquels je suis abonnée, les réseaux sociaux m'inspirent, alimentent et cultivent ma créativité, me ramènent à l'essentiel et me servent parfois même de rappels.

Par contre, lorsque je me sens plus vulnérable, que je manque de sommeil et que ma confiance en moi est ébranlée, les réseaux sociaux ont tendance à me porter à la comparaison, à me pousser à me remettre en question, à nourrir un inconfort ou un sentiment d'impuissance sur lequel je n'ai pas nécessairement le contrôle.

Mon amie Mylène a suivi une formation sur les médiaux sociaux auprès de Beth Kirby, dont nous aimons toutes les deux beaucoup le travail et la vision, et a partagé avec moi une information-clé qui en est ressortie : dans le cadre de notre travail, on devrait passer 80 % de notre temps à produire, à diffuser, à partager du contenu et 20 % à en consulter et à s'inspirer. Cette notion m'a grandement accrochée et je la mets dorénavant toujours en pratique.

J'essaie donc de passer le moins de temps possible sur les réseaux sociaux, et quand je le fais, c'est surtout pour me nourrir d'une dose de douceur, de lumière et de bienveillance.

Sarah

Il serait complètement faux de dire que je ne me compare jamais. On se compare tous. Et ce n'est pas toujours négatif, puisque la comparaison peut nous permettre d'évoluer. J'ai fait mon entrée sur les réseaux sociaux tardivement (en 2012). Je ne les utilisais pas avant, mais je trouvais qu'ils prenaient beaucoup de place dans la vie (et la tête) des gens autour de moi. J'ai fait mon entrée graduellement sur Facebook et Instagram et mon utilisation a augmenté avec les années. Puis, en 2014, j'ai commencé à travailler en utilisant mon nom et mon image (avec Infuse magazine). Il m'a fallu plusieurs années avant de me sentir à l'aise avec l'image que je projette sur le Web et en photo versus celle que je suis dans la vie. Sans être différente, je trouvais que cette image ne représentait pas qui j'étais dans mon entièreté. Une image est tellement statique, elle ne reflète qu'une demi-seconde dans une vie complète. Sans nuance, sans personnalité. Aujourd'hui, j'ai une vision plus saine de mon image. Je ne cherche pas à me comparer et suis en mesure de reconnaître l'envers du décor. Je sais qu'une photo ou un moment de vie ne représente pas tout et que la vie parfaite, ça n'existe pas. De toute façon, qu'est-ce qu'une vie parfaite ? Nous aurions tous une réponse différente.

Une constante quête de la perfection, des accomplissements ou de la reconnaissance nous éloigne de notre vraie nature, de nos vrais besoins. Comme mentionné tout au long de ce livre, la déconnexion à soi est la pointe de l'iceberg, qui cache souvent bien des maux.

Notre corps développe, au fil du temps, des mécanismes d'adaptation à nos habitudes. Le stress dérègle notre système hormonal, modifiant notre routine de sommeil, notre appétit, notre humeur et notre système immunitaire. Nous sommes conditionnés à ne pas écouter les signaux de notre corps. Notre tête le sait, notre corps nous parle, mais nous continuons notre rythme effréné. Vous arrive-t-il de mettre vos besoins de côté pour terminer des tâches ? De trop souvent prioriser le travail au détriment de votre famille ? De carburer à l'adrénaline malgré une fatigue persistante ? Apprendre à s'écouter et, surtout, à accepter ce que notre corps nous dit est un travail continu d'humilité.

L'ACCEPTATION DE SOI

L'acceptation de soi se définit par l'acceptation totale et réelle de sa personne, avec ses qualités et ses défauts. C'est accepter qu'il y ait un soi vu par les autres et un soi vu par nous-mêmes. La connaissance de soi est la clé pour nous accepter, dans notre parfaite imperfection, et cette acceptation permet de développer une saine estime de nous-mêmes.

Voici quelques pistes pour cultiver l'acceptation de soi :

- Apprenez à vous connaître et à connaître ce que les différentes situations de vie ont comme impact sur vous. Observez-vous et accueillez vos émotions avec curiosité et bienveillance ;
- Donnez-vous le droit de vivre des journées plus difficiles, où vous allez moins bien (et rappelez-vous que tous ceux qui vous entourent vivent des journées comme ça, même s'ils en parlent peu) ;
- Travaillez à lâcher prise sur ce que vous ne pouvez pas contrôler. Vous pouvez concentrer vos énergies sur ce qui vous fait sentir bien ;
- Pratiquez la gratitude et la pleine conscience (plusieurs exercices pour ces pratiques ont été proposés dans les chapitres précédents) ;
- Soyez ouvert et bienveillant avec vous-même et les autres. Acceptez les périodes plus difficiles, les remises en question, les doutes, les deuils, les faiblesses.

Dans un article publié dans Infuse magazine, Isabelle Soucy, psychologue, utilise cette petite histoire pour illustrer le chemin vers l'acceptation, inspirée par Christophe André, psychiatre français, auteur et sommité dans son domaine :

« Un nageur est pris dans le courant d'une rivière qui l'entraîne au large. S'il s'affole en tentant de rejoindre le rivage à contre-courant, il risque de s'épuiser et de se noyer. Il doit donc accepter que le courant soit plus puissant que lui pour le moment et nager avec le courant, même s'il ne va pas dans la direction souhaitée. Nous avons toujours l'option de nager contre le courant (lutte/résistance), de nous laisser couler (abandon/évitement) ou de nager avec le courant (acceptation). »

Cette métaphore illustre bien l'importance de l'acceptation à différents moments de notre vie, et ce, même si l'on croit aller dans la direction opposée.

Apprendre à aimer ce qui nous distingue

Nous ne voulons pas être différents. Nous voulons ressembler aux autres et avoir l'impression d'appartenir au groupe. Nos différences (physiques, psychologiques, intellectuelles, culturelles, spirituelles, etc.), nous voulons les camoufler. Elles attirent le regard.

Et si ces différences (parce que nous sommes tous différents) faisaient partie de notre force, de notre unicité ? Il s'agit donc d'apprendre à les reconnaître, de les mettre en valeur, de les accepter et de les utiliser. Ce sont nos multiples imperfections qui nous rendent humains. La comparaison, dans le but d'aspirer à être quelqu'un d'autre, d'avoir ou de faire toujours plus, est l'ennemie du bonheur. Le bonheur se cultive et se vit à travers les choses simples, que la comparaison vient aveugler ou obstruer.

UNE PHRASE-CLÉ

Tous les jours, nous disons à chacun de nos enfants: *Je suis fière de toi,* pour favoriser leur estime d'eux-mêmes. Ensuite, nous leur nommons ce qui, chez eux, nous rend fières: *Tu es créatif(ve). Tu es intelligent(e). Tu es gentil(le) avec tes amis. Tu es drôle. Tu exprimes tes émotions.*

Nous choisissons des caractéristiques qui ne sont pas physiques. Nous valorisons plutôt les aptitudes relationnelles, les compétences, sachant qu'une estime de soi forte et positive prévient la crainte de l'échec, du jugement des autres et du rejet.

Nous ne voyons pas les choses
comme elles sont,
nous les voyons
comme nous sommes.

– Le Talmud

LE JUGEMENT

Lorsque nous comparons ou que nous nous comparons, nous sommes dans le jugement. Le jugement de la vie d'autrui et de la nôtre.

Cette phrase toute simple est tellement évocatrice. Lorsque nous voyons le monde, c'est à travers nos propres lunettes, teintées par nos perceptions personnelles. Et si nos jugements étaient le miroir de nos malaises internes ? Notre peur du jugement révélerait-elle notre propre façon de juger les autres ? Des questions profondes qui ne trouveront possiblement pas de réponse, mais qui, lorsque nous en prenons conscience, pourraient nous faire cheminer dans notre volonté d'être bienveillants et de moins juger.

DÉVELOPPER L'EMPATHIE

L'empathie, c'est la capacité de se mettre à la place de l'autre, de comprendre et de ressentir son vécu, sa réalité. Et si l'empathie était une porte vers une diminution du jugement envers soi et autrui ?

L'empathie est essentielle au maintien de relations saines et profondes.

Inspirez-vous de ces mots pour cultiver l'empathie :

- Affectivité
- Altruisme
- Bienveillance
- Chaleur
- Compassion
- Douceur
- Émotion
- Générosité
- Humilité
- Intelligence

> Tout ce qui nous irrite chez les autres peut nous conduire à mieux nous comprendre.
>
> – Carl Jung

ARRÊTER DE CHERCHER LE BONHEUR

Précédemment dans ce chapitre, nous effleurions le mirage de la vie parfaite. Le bonheur, ça se cultive, ça ne se trouve pas au coin d'une rue. Le bonheur, ça s'entretient dans le quotidien, dans les choses qui nous motivent, qui nous sortent de notre zone de confort, qui ont un sens et qui en valent la peine pour nous.

Notre conditionnement à toujours aspirer au bonheur nous maintient dans une roue perpétuelle de recherche de la perfection et de consommation. Nous nous nourrissons de ce que nous consommons, car nous sommes en manque de ce qui nous nourrit réellement.

Puis, le jour où nous réalisons que notre bonheur n'est pas entaché par celui des autres, nos perspectives changent. Envier, jalouser ou juger prend beaucoup d'énergie mentale que nous pourrions investir ailleurs. Lors de moments plus difficiles ou lorsque nous avons l'impression que la vie est injuste, la résilience peut être une force ou une arme à double tranchant. Se comparer, c'est vouloir répondre à des attentes qui ne sont pas les nôtres et la résilience, en ce sens, peut nous fragiliser plutôt que nous aider. Nous avons demandé à la Dre Émilie Yergeau, psychologue, de démystifier ce qu'est la résilience et le rôle qu'elle joue dans la comparaison.

RÉSILIENCE, COMPARAISON ET SOUTIEN SOCIAL

Par la Dre Émilie Yergeau, psychologue organisationnelle

Résumée à sa plus simple essence, la résilience décrit un processus d'adaptation à des stresseurs de différentes intensités. Au cœur du modèle de résilience proposé par Richardson (2002) se trouve la notion de facteurs de risque et de facteurs de protection. Avant d'aller plus loin, clarifions ces notions.

Les facteurs de risque sont des éléments qui peuvent fragiliser une personne dans son expérience au quotidien et lorsqu'elle est confrontée à des événements difficiles. À titre d'exemple, peu de soutien social, la difficulté à résoudre les problèmes, une image de soi négative constituent des facteurs de risque. En contrepartie, les facteurs de protection représentent des boucliers qui aident à faire face aux situations difficiles. Le soutien social, certains traits de personnalité et le sentiment d'efficacité personnelle sont quelques exemples de facteurs de protection. Nous allons explorer deux facteurs qui sont particulièrement intéressants lorsqu'on pense à notre bien-être et à nos relations avec autrui : la comparaison et le soutien social.

Facteurs de risque : pourquoi éviter la comparaison sociale ?

Notre perception d'une situation n'est jamais neutre, mais plutôt influencée par une myriade d'éléments, dont la comparaison avec autrui. La comparaison sociale est un phénomène bien connu de la psychologie et consiste à s'évaluer en se comparant aux autres (Suls, Martin et Wheeler, 2002).

Si une personne se juge moins bonne qu'autrui, elle s'expose à vivre des émotions plus difficiles. Cela peut engendrer des conséquences négatives, comme augmenter le sentiment d'échec et donc fragiliser la personne davantage. Si cela est vrai dans la vie de tous les jours, ça l'est encore plus dans un contexte où la personne traverse une épreuve puisqu'il est normal de se sentir plus facilement affecté et sensible lorsque le moral est bas.

Alors qu'avant, la comparaison sociale avait lieu avec l'entourage immédiat (famille, collègues, amis), nous vivons maintenant dans une ère où les réseaux sociaux entraînent la comparaison avec un grand nombre de personnes, notamment des inconnus et des gens qu'on admire. Les recherches sur le sujet émettent l'hypothèse que la comparaison sociale peut entraîner des conséquences néfastes importantes sur le sentiment de bien-être (Lup, Trub & Rosenthal, 2015).

Quelques trucs en vrac pour contrer les effets de la comparaison sociale

- Une belle façon d'amener le cerveau à mettre l'accent sur autre chose que la comparaison sociale, c'est la pratique de la gratitude. En énumérant, mentalement ou par écrit, les choses dans notre vie qui sont source de gratitude, on s'extirpe de la comparaison avec autrui et on génère un espace pour apprécier ce qui est disponible pour nous.
- Se fixer des attentes réalistes. Chaque expérience étant unique, il ne sert à rien de se comparer à des standards qui ne sont pas les nôtres. Bien qu'on puisse puiser de l'inspiration et briser l'isolement en se connectant aux autres et en ayant accès à des témoignages, il faut éviter de comparer notre histoire à celle des autres. En effet, il faut être en mesure de nous fixer nos propres objectifs et, surtout, de nous comparer à nous-mêmes en fonction de notre propre situation et de toutes les spécificités qu'elle comporte. Même en fonction de nos objectifs personnels, il faut demeurer flexibles et se réajuster pour s'adapter à la réalité qui évolue constamment.
- L'autocompassion. Nous sommes souvent nos plus virulents critiques. À tort, nous avons parfois tendance à penser que la discipline est notre seule alliée et qu'il faut redoubler d'efforts face à l'échec. Et si, au contraire, nous faisions preuve de compassion dans nos moments les plus difficiles ? Si nous adoptions une voix compatissante comme nous le ferions auprès d'une amie qui nous est chère ? Faire une lecture empathique de la situation serait un moteur pour continuer à faire des efforts, et ce, sans culpabiliser.

Le soutien social, un excellent facteur de protection

Il est reconnu que le soutien social a des effets positifs sur le bien-être psychologique et physique, et qu'il constitue un facteur de protection associé à la résilience (Pearson, 1986). Même s'il n'existe pas de définition consensuelle, le soutien social peut se résumer par une relation dans laquelle sont offerts de l'assistance et du soutien. Ce soutien social est généralement donné par la famille, les amis et les collègues.

Plusieurs recherches sur la résilience montrent que le soutien social est un facteur de protection prometteur (Paton *et al.*, 2008). L'établissement de relations significatives avec ses pairs offre à l'individu des occasions d'échanger, et donc de se sentir moins isolé. Cela aura un effet protecteur face aux stresseurs et contribuera par le fait même à favoriser l'émergence de la résilience (Richardson, 2002). Au-delà du soutien de l'entourage immédiat, il est démontré que les connexions sociales, même avec les inconnus, peuvent avoir un impact positif sur l'humeur.

De plus, il importe de se rappeler que chaque processus de résilience est différent. Chaque difficulté, chaque intempérie, chaque deuil, chaque épreuve a des particularités et des sensations différentes. Bien que nous puissions nous retrouver et partager des réalités communes à travers nos épreuves, il est difficile de les comparer dans leur singularité. Donc, comment nous offrir du soutien, trouver du réconfort dans les histoires et les témoignages d'autrui sans nous mettre de pression, culpabiliser, nous sentir inadéquats ? Afin de maximiser les bienfaits du soutien social, il importe de passer du temps avec les gens qui nous font du bien, par choix plutôt que par obligation. De plus, dans les moments difficiles comme dans la vie de tous les jours, il est essentiel d'apprendre à mettre des limites afin de pouvoir nourrir des relations satisfaisantes avec les autres en nous respectant nous-mêmes d'abord et avant tout.

En terminant, mentionnons que toutes les émotions vécues dans nos relations avec les autres sont valides. Il faut d'ailleurs faire preuve de prudence en les caractérisant comme étant bonnes ou mauvaises. Comme l'explique Susan David dans son ouvrage sur l'agilité émotionnelle, les émotions agissent comme des guides. Plutôt que de nous juger, nous pouvons les accueillir, sans agir, et nous demander ce qu'elles ont à nous apprendre. La comparaison sociale autant que le soutien social peuvent faire vivre une multitude d'émotions. Rappelez-vous que vous êtes votre propre guide. Vous faire confiance implique de vous respecter, d'aller chercher les outils nécessaires pour mieux vous comprendre et, surtout, d'accepter de travailler avec ce que vous avez et ce que vous êtes.

Références

Lup, K., Trub, L et L. Rosenthal. « Instagram# instasad ? : exploring associations among Instagram use, depressive symptoms, negative social comparison, and strangers followed », *Cyberpsychology, Behavior and Social Networking*, 18(5), 2015, p. 247-252.

Pearson, J. E. « The definition and measurement of social support », *Journal of Counseling and Development*, 1986.

Richardson, G. E. « The metatheory of resilience and resiliency », *Journal of Clinical Psychology*, 58(3), 2002, p. 307-321.

Suls, J., Martin, R. et L. Wheeler. « Social comparison : Why, with whom, and with what effect ? », *Current Directions in Psychological science*, 11(5), 2002, p. 159-163.

L'IMPORTANCE DE VIVRE POUR SOI

Avez-vous parfois l'impression de jouer un rôle ? De porter un masque ? De dire oui alors que vous auriez préféré refuser ?

Exister vraiment et pour soi peut être un long cheminement. L'importance d'apprendre à se connaître et à s'affirmer permet de se libérer doucement des masques qu'on peut enfiler en société.

Vivre selon ses convictions et ses valeurs profondes, c'est exactement ce qu'illustre Vicky Payeur dans son témoignage. Malgré un mode de vie légèrement en marge, sa connaissance d'elle-même lui permet de vivre de façon alignée avec qui elle est.

L'autrice et fondatrice du blogue *Vivre Avec Moins* a effectué un virage minimaliste il y a quelques années. Nous lui avons posé quatre questions sur son mode de vie.

LA COMPARAISON

◆ *Entrevue avec Vicky Payeur, fondatrice de* Vivre Avec Moins *et autrice* ◆

Comment décrirais-tu ton mode de vie ?
Étant une ancienne surconsommatrice, je dois dire que mon mode de vie a entièrement changé depuis 2015. C'est après être tombée sur un article de blogue américain parlant de minimalisme que tout a basculé. À ce moment, j'ai revu l'entièreté de ma vie pour vivre avec moins, rembourser mes dettes, mais aussi vivre plus simplement sous plusieurs aspects. Bref, j'ai pris ma santé financière en main et j'ai commencé à découvrir une nouvelle vie.

Aujourd'hui, je continue de vivre en dessous de mes moyens pour avoir plus de liberté. Je me pose les bonnes questions avant d'acheter de nouvelles choses et je suis heureuse avec ce que je possède. Puis, j'ai troqué l'*avoir* pour l'*être*, et c'est de cette façon que je me découvre et que je m'épanouis en tant que personne.

Depuis quelques années, je vis de ma passion, ce qui me permet une grande flexibilité quant aux aléas de la vie. Surtout, je suis sur mon X, mon stress a diminué et je ne cherche plus à avoir toujours plus et mieux. Je suis heureuse et bien dans ma peau, une priorité pour moi ! J'applique les principes de la simplicité et de la frugalité au quotidien et j'en retire une énorme satisfaction.

As-tu l'impression de vivre en marge de la société actuelle ?
Oui et non. Non, parce que je continue de vivre « normalement » ! Je fais mes courses à l'épicerie comme la plupart des gens, je vois mes amies, je vais bruncher... En apparence, je suis comme n'importe quelle personne que vous pourriez croiser dans la rue. Cependant, au fond de moi, j'ai souvent l'impression d'être un peu en marge avec mon idéologie qui s'éloigne de la société de consommation. Il suffit que je parle de compost, de poulailler urbain, d'achats de seconde main ou encore de papier hygiénique lavable pour me sentir totalement polarisée !

Comment vis-tu avec la comparaison et les jugements ?
J'ai toujours été une personne confiante et déterminée. Je crois que c'est ce qui m'a le plus aidée dans mon cheminement vers une vie plus simple. Les nombreux jugements et moqueries que j'ai pu recevoir par le passé ne m'ont jamais arrêtée. J'ai également la ferme conviction que vivre avec moins

est la solution à de nombreux maux modernes et que plus de gens auraient tout intérêt à s'intéresser à cette idée. C'est ce qui m'encourage à continuer de partager mon message après toutes ces années. Pour être franche, il m'est arrivé d'être triste ou de pleurer à la lecture de commentaires blessants sur les réseaux sociaux, mais j'ai appris à m'en détacher.

Comment arrives-tu à vivre pour toi et à t'affirmer ?

Je souhaite être maître de ma propre existence et créer ma vie selon mes rêves et mes aspirations. Donc, tous les jours, je pose de petits gestes qui me font avancer. Surtout, je fais ce qui me permet de me sentir bien et qui a du sens pour moi. Je suis à l'écoute de mon intuition et n'hésite pas à refuser un projet qui m'envoie de mauvaises ondes. Aussi, « vivre et laisser vivre » est un principe très important pour moi. Je laisse vivre les autres selon leurs propres choix, et je m'attends à recevoir la pareille. Surtout, je me fais confiance et je me laisse guider par la vie. Nous sommes tous différents, il ne sert donc à rien de nous comparer. Nous pouvons seulement nous inspirer les uns des autres, dans nos parcours respectifs, pour vivre en harmonie avec nos valeurs.

Sarah

Me prioriser, m'écouter, m'affirmer, voilà des idéaux difficiles à atteindre pour moi. Longtemps, j'ai inhibé mes pensées et mes besoins réels par peur de déplaire ou d'être égoïste en me mettant en premier. La rigidité, l'abnégation de moi, font partie de mes programmations personnelles les plus ancrées. Depuis quelques années, je prends du recul et apprends que m'écouter et me prioriser, ce n'est pas seulement bien, mais essentiel. De façon plus imagée, je dois mettre mon masque d'oxygène en premier dans l'avion, avant de pouvoir aider les autres. C'est un travail de tous les jours, que je n'arrive pas toujours à faire. J'aspire à plus de bienveillance envers moi-même, pour me permettre de vivre plus sereinement avec une meilleure estime de moi et d'éviter de transmettre ces patterns à mes enfants.

Virginie

La comparaison est omniprésente dans mon quotidien. Elle cultive souvent ma culpabilité de ne pas en faire assez ou de souvent en faire trop. En tant que femme, fille, amie, conjointe, mais surtout dans mon rôle de mère et d'entrepreneure.

Si j'ai longtemps été motivée par l'approbation que je lisais dans le regard des autres, j'aspire de plus en plus à faire de mon mieux quotidiennement, tant professionnellement que personnellement. Je laisse de moins en moins mon ego diriger mes décisions et mes actions, pour plutôt réfléchir avec mon cœur et agir de façon à être bien avec moi-même et ceux qui m'entourent.

C'est un travail quotidien qui est inconfortable, voire parfois essoufflant, mais qui me permet de finalement me sentir un peu plus souvent à ma place ici et là.

LA SOLITUDE POUR ÊTRE SOI

La solitude est une pratique de retour à soi des plus importantes. C'est dans la solitude que nous pouvons retrouver notre véritable essence. Elle nous amène à faire face à nous-mêmes, au vide possible qui nous habite, à découvrir et à visiter nos zones d'inconfort. Dans la solitude, nous sommes soumis à nos pensées et donc plus aptes à nous écouter.

Vous avez probablement déjà entendu la phrase : *Vous pouvez vous sentir seul dans une pièce remplie de monde et pleinement connecté lorsque vous êtes seul.*

C'est plein de sens, non ? Loin des masques sociaux et de toute forme de comparaison, la reconnexion à soi se fait beaucoup plus naturellement. Il faut profiter des moments de solitude pour :

- se reconnecter à soi ;
- ressentir certaines émotions (et se permettre de les vivre) ;
- s'éloigner des idées préconçues (croire que l'on devrait être/faire/avoir) ;
- arrêter de se juger et de se comparer, pour un temps ;
- être, tout simplement.

Alors, prenez le temps de vous organiser une *date* avec vous-même !

La comparaison peut être un poison insidieux, qui s'invite dans nos vies et nous amène à vouloir des choses ou à aspirer à être quelqu'un d'autre. Apprendre à nous éloigner de ce qui nous pousse à nous comparer négativement est un premier pas vers un retour à soi. Il faut développer de la bienveillance, de l'empathie, être plus doux envers nous-mêmes pour l'être davantage avec autrui. Bref, cesser de se comparer afin de vivre pour soi.

#MADOSEBIENETRE

PLUS DE COMPASSION, MOINS DE COMPARAISON.

CHAPITRE 6

Prendre soin de soi

On parle souvent de prendre soin de soi ou de prendre du temps pour soi dans une optique de bien-être global. Mais comment mettre ces idées en pratique ?

Tout au long de ce livre, nous avons mentionné les déséquilibres qui peuvent venir ébranler nos piliers et notre bien-être au quotidien. Dans ce chapitre, nous tenterons d'illustrer des trucs concrets et simples à intégrer à notre mode de vie, pour apprendre à prendre soin de nous-mêmes et poser des actions en ce sens.

Avant de commencer, voici un petit résumé des sujets abordés au fil de ce livre :

- Arrêter de se comparer et s'offrir de la bienveillance ;
- Diminuer son besoin de productivité et ses attentes irréalistes ;
- Se déconnecter des écrans le plus possible et se concentrer seulement sur ce qui fait du bien ;
- Être davantage à l'écoute de son corps et de ses besoins ;
- Apprendre à canaliser son énergie ;
- Savoir demander de l'aide ;
- Accepter l'impermanence (tout est cyclique) ;
- Laisser venir (et vivre) ses émotions.

DÉFINIR SON PLAN D'ACTION

La première étape pour prendre soin de soi est de se réserver des moments pour le faire. Prendre soin de soi demande du temps, de l'organisation, de la volonté, qui sont tous des points difficiles à respecter dans un mode de vie occupé ou débalancé. Voici une petite métaphore qui illustre notre propos.

L'HISTOIRE DU BÛCHERON

C'est l'histoire d'un bûcheron. Il bûche du bois. Beaucoup de bois. Il est productif et efficace. Il est épuisé par son travail, mais reste déterminé et acharné, car il a des responsabilités et une famille à nourrir. Un jour, un étranger s'arrête près de lui. Après l'avoir observé pendant quelques minutes, il lui demande s'il peut voir sa hache de plus près.

L'étranger touche la lame émoussée et lui dit doucement : « Mon cher, si vous preniez quelques minutes de votre temps pour affûter votre lame, votre travail serait beaucoup plus rapide et facile. » Le bûcheron le regarde et répond sérieusement : « Je ne peux pas prendre de pause. Je n'ai simplement pas le temps. »

Adapté d'un extrait de *Laisse-moi te raconter les chemins de la vie*, de Jorge Bucay.

Cette métaphore illustre l'importance de savoir nous arrêter pour affûter notre hache, notre principal outil, afin de revenir plus reposés et, surtout, avec des outils efficaces et appropriés. La hache représente notre efficacité, qui s'émousse lorsque nous sommes dans l'incapacité de prendre soin de nous-mêmes, de nous offrir du temps et du repos.

Afin de créer un plan d'action approprié pour bien aiguiser votre hache, il est important de définir les trois éléments suivants.

1. Comment ? De quelle façon désirez-vous prendre du temps pour vous ? Est-ce par une séance de mouvements, un massage, un traitement d'ostéopathie, en lisant, en marchant en silence, en faisant une sortie entre amis ou en vous offrant une soirée en solo ? Trouvez ce qui vous fera réellement du bien.
2. Où ? À quel endroit prendrez-vous ces moments pour vous ? Est-ce que ce sera à la maison, au gym, en forêt, au restaurant, dans le bain ?
3. Quand ? **À quel moment** prendrez-vous ce temps pour vous ? Inscrivez-le à votre agenda, avisez votre partenaire de vie et préparez votre horaire en conséquence.

Répondre à ces trois questions vous permettra de mieux les intégrer dans votre réalité. Bien évidemment, il est important de rester réaliste dans la création de ce plan d'action. Votre style de vie et votre réalité (familiale, financière, occupationnelle...) doivent être pris en compte.

Prendre soin de nous nous permet de nous placer au centre de notre attention pour un temps, de nous mettre en priorité, afin de revenir entiers à nos occupations et obligations quotidiennes.

Apprendre à nous materner, comme nous le faisons avec nos enfants, nos amis, nos proches, permet d'augmenter notre amour-propre, la valeur que nous nous accordons.

Prendre soin de soi procure plusieurs bienfaits :

- Nous sommes plus détendus et notre taux de stress diminue ;
- Nous gérons mieux nos émotions ;
- Nous avons plus de facilité à faire de l'introspection ;
- Notre amour de nous-mêmes augmente ;
- Nous gérons mieux notre énergie ;
- Nous pouvons plus facilement nous reconnecter à nous-mêmes.

BÂTIR SON KIT DE *SELF CARE*

Nous le répétons souvent, et cela est au cœur de notre mission d'entreprise : il est primordial de nous rappeler que nous avons tous des besoins différents et des façons personnelles de prendre soin de nous. Vous offrir un bain moussant est peut-être relaxant et ressourçant pour vous, mais pour un autre, ce même geste peut être source d'irritation. Il est donc important de vous connaître afin d'être en mesure de créer votre propre boîte à outils, votre parfait kit de *self care*. Celui-ci peut être composé d'objets, d'activités, de personnes. L'important, c'est de vous bâtir un coffre à outils qui vous fait du bien et qui vous aide à prendre soin de vous.

Il peut parfois être difficile de reconnaître ce qui nous fait réellement du bien, ce qui nous remplit. Voici quelques trucs que nous avons développés au fil des ans pour reprendre contact avec notre ressenti et nous reconnecter à nous-mêmes :

- Faire de l'introspection et se poser les questions suivantes :
  - Qu'est-ce qui me fait perdre la notion du temps ?
  - Qu'est-ce qui m'aide à décrocher ?
  - Qu'est-ce qui me fait sourire ?
  - Qu'est-ce qui me fait sentir vivant ?
  - Ou, à l'inverse : Pourquoi est-ce que je me sens mal dans ma peau, triste, démotivé, éteint ?
- Apprendre à se connaître en essayant de nouvelles choses... et profiter du processus plutôt que de vouloir à tout prix passer la ligne d'arrivée (celle-ci n'existe pas lorsque l'on parle de quête d'équilibre et de bien-être).

Avoir une boîte à outils bien garnie à portée de main nous permet de prendre soin de nous, peu importe le type de déséquilibre que nous vivons. Des façons de prendre soin de soi, il en existe une panoplie. Et c'est le travail d'une vie que d'apprendre à (re)connaître ce qui nous fait réellement du bien, ce qui comble nos besoins, ce qui nous aide à faire le vide et le plein à la fois.

Afin de vous inspirer, ou simplement en guise de rappel, voici une liste de choses qui peuvent vous permettre de prendre du temps pour vous. Rappelez-vous qu'« être » est beaucoup plus important qu'« avoir » , et que c'est souvent dans les petits moments que se trouvent les plus grands bonheurs.

DES ACCESSOIRES QUI APPORTENT DU RÉCONFORT :

- de la belle papeterie (cahier de notes pour faire du *journaling* ou simplement se vider la tête) ;
- un jeté (pour se réconforter et se réchauffer) ;
- une bougie, de l'encens, des huiles essentielles ;
- des boissons chaudes ;
- des soins de beauté ou pour le bain ;
- des plantes d'intérieur.

DES ACTIVITÉS RESSOURÇANTES :

- lire pour le plaisir ou pour apprendre ;
- marcher consciemment ;
- bouger à son rythme (comme abordé au chapitre 1) ;
- écouter de la musique ou un podcast, selon son humeur du moment ;
- pratiquer la pleine conscience ou méditer ;
- respirer profondément ;
- cuisiner intuitivement ou suivre une recette ;
- dessiner, peindre, chanter, danser, ou toute autre activité créative ;
- faire des activités de plein air ;
- communiquer avec un proche ;
- rire avec quelqu'un, en écoutant une comédie, etc.

DES PERSONNES QUI NOUS FONT DU BIEN :

- une bonne amie qu'on n'a pas vue depuis longtemps ;
- des collègues avec qui on s'entend vraiment bien ;
- des auteurs dont les livres nous inspirent ;
- un animateur de balado dont la voix nous calme ;
- des artistes qui ont une démarche intéressante ;
- des membres de notre famille de qui on est proche.

SE RESSOURCER SIMPLEMENT

Se ressourcer, pour nous, c'est revenir à soi, en douceur. Apprendre à se déposer et à voir ce qui se passe à l'intérieur. Nourrir à la fois le corps, le cœur et l'esprit. Se revitaliser par des gestes simples. Nul besoin de dépenser des centaines de dollars dans un spa, de partir en retraite de yoga ou de se couper de tout. Apprendre à se ressourcer passe d'abord par la reconnexion.

PRENEZ UN MOMENT DE RÉFLEXION…

Qu'est-ce qui vous rendait heureux, enfant ?
Quels étaient vos passe-temps préférés ?

Réfléchir à ce que nous faisions, enfants, alors que nous ne portions pas le poids des responsabilités et des masques sociaux, nous permet parfois de nous reconnecter à une partie de nous-mêmes. Le dessin, le soccer, l'aquarelle, une collection de roches ? Quelles étaient les choses qui vous occupaient, qui vous passionnaient ?

Une des façons de retrouver l'enfant en nous est de ramener le jeu dans nos vies. Sortons les jeux de société et les livres à colorier !

Se ressourcer n'a pas besoin d'être compliqué. Il est possible de le faire simplement, en quelques minutes (grâce à une séance de méditation, par exemple), en quelques heures ou en quelques jours.

Le ressourcement passe souvent par la nature, le plein air, la forêt. Nous faisons partie de la nature, et sommes composés des mêmes atomes, des mêmes éléments. Comment vous sentez-vous lorsque vous quittez la ville pour la forêt ? L'air n'est pas le même, non ?

Sarah

Enfant, assise sur la plage aux côtés de ma mère, je me souviens de lui avoir demandé pourquoi elle restait assise là, les yeux fermés. Elle m'a répondu, toujours les yeux fermés, le visage face à la mer exposé au soleil, qu'elle faisait le plein pour les mois plus gris et froids à venir. Le plein d'énergie revitalisante du soleil, de parfum salin relaxant et de la puissance infatigable et constante de la mer. Elle emmagasinait ainsi une vitalité et une énergie dans sa tête et son corps. Depuis ce jour, ce petit rituel fait partie de mes visites en nature, que ce soit à la mer ou en forêt. Je prends le temps d'inspirer, de me recentrer dans la terre et de faire le plein de cette énergie pure.

Virginie

Il n'y a pas vraiment de mots pour exprimer le ressenti apaisant et ressourçant qui m'habite lorsque je rentre d'un moment en plein air. Que ce soit après avoir joué avec Billie dans la neige ou la piscine, être sortie marcher avec la poussette pour endormir Éloi, être allée en montagne avec une amie ou avoir couru en prêtant attention au soleil sur ma peau, au vent dans les feuilles et au chant des oiseaux.

Que ce soit par temps froid, brumeux, pluvieux ou ensoleillé, l'envie varie, mais l'apaisement est toujours aussi grand.

La nature est un espace où l'on se permet d'être réellement soi-même. A-t-on peur de se faire juger par un arbre ou un oiseau ? Qu'il nous voie sans filtre, tels que nous sommes ? Non. La nature est un lieu de non-jugement, de reconnexion. On entend souvent des gens mentionner qu'ils vont en nature pour faire le point, se vider la tête, se forger une opinion à propos d'une situation risquée.

La nature fait les choses sans se presser, et pourtant tout est accompli.

– Lao-tseu

Trucs pour profiter au maximum de la nature :

- Se mettre dans une disposition d'ouverture et d'écoute ;
- Être pleinement conscient ;
- Laisser le cellulaire à la maison (ou, du moins, pas dans vos mains !) ;
- Apprécier le silence ;
- Contempler et s'émerveiller de tout.

Prendre un « bain de forêt » (se promener en nature) permet d'apaiser notre système nerveux et de nous revitaliser. La nature a ce don de nous reconnecter à la source en quelques minutes.

Le pouvoir des plantes est très puissant et l'utilisation de celles-ci par l'aromathérapie nous procure de nombreux bénéfices.

DÉCOUVRIR L'AROMATHÉRAPIE

L'aromathérapie est l'utilisation des huiles essentielles à des fins thérapeutiques. Il existe des centaines d'huiles essentielles, qui sont extraites à partir de plantes (feuilles, fleurs, graines, etc.) d'une manière spécifique qui permet d'en récolter une huile très concentrée et de grande qualité.

Virginie

*Depuis quelques années, j'utilise les huiles essentielles pour différents besoins. Notamment pour les diffuser dans la maison afin d'assainir l'air, pour m'aider à me concentrer ou pour me détendre. J'aime aussi beaucoup utiliser l'aromathérapie à des fins cosmétiques. Vivement l'huile essentielle d'arbre à thé (*tea tree*) pour faire disparaître un bouton !*

Sarah

Les huiles essentielles font partie de ma vie depuis mon enfance. Je me souviens que ma mère mettait des gouttes d'huile essentielle d'eucalyptus sur un bout de tissu accroché à nos pyjamas lorsque nous étions grippés. Aujourd'hui, je les utilise pour créer une atmosphère de détente ou pour purifier l'air.

Notre rencontre avec Marie Dionne, aromathérapeute et fondatrice de Vivia Aromathérapie, nous a permis de découvrir l'aromathérapie et ses vertus. Nous utilisons les huiles essentielles à différents moments, selon nos envies et nos besoins spécifiques. Elle a gentiment accepté de répondre à nos questions.

LES HUILES ESSENTIELLES

Entrevue avec Marie Dionne, aromathérapeute et fondatrice de Vivia Aromathérapie

Quelles sont les façons les plus communes d'utiliser l'aromathérapie ?

Il y a plusieurs façons d'utiliser les huiles essentielles en aromathérapie. Le choix d'une méthode ou d'une autre varie selon les besoins et les préférences de chaque personne. Les façons les plus couramment recommandées et utilisées sont les suivantes :

- L'application sur la peau (y compris les massages). On devrait toujours (à quelques exceptions près) diluer les huiles essentielles dans une huile végétale avant de les appliquer sur la peau. En effet, les huiles essentielles sont des substances très concentrées qu'il faut utiliser avec précaution. On peut faire un mélange soi-même en suivant les conseils d'une personne qualifiée (naturopathe, aromathérapeute, etc.) ou d'un livre réputé. On peut aussi se procurer des mélanges déjà faits, fournis dans un applicateur à bille qu'on fait rouler sur la peau. Dans les deux cas (mélange maison ou acheté), il faut masser ou frotter pour faire pénétrer sous la peau, car l'huile végétale peut tacher les vêtements ou les draps. Certaines huiles essentielles sont même dermocaustiques (elles peuvent causer des brûlures sur la peau). Le degré de causticité varie d'une huile à l'autre et selon le degré de sensibilité de la peau de la personne. Les gens au teint clair ont en général la peau plus sensible. En diluant les huiles essentielles dans l'huile végétale, vous éviterez les problèmes. Si vous faites vos propres mélanges, informez-vous à propos des taux de dilution auprès de sources fiables et reconnues.
- La diffusion. Les diffuseurs d'huiles essentielles connaissent une popularité remarquable. Il existe une multitude de modèles sur le marché, fonctionnant selon différentes technologies (avec ou sans eau, diffusion passive, nébulisation, etc.). Suivez toujours les instructions du fabricant en ce qui a trait au mode de fonctionnement. Il n'est pas nécessaire de faire fonctionner un diffuseur toute la journée. Des séances de 20 à 30 minutes sont suffisantes. Vous pouvez les répéter jusqu'à quatre fois par jour. Là encore il y a des précautions à prendre, entre autres en présence

d'enfants, et aussi selon les huiles spécifiques à utiliser. Encore une fois, renseignez-vous plutôt que d'improviser.

- La vaporisation. Voilà un bon moyen de bénéficier des huiles essentielles de façon simple, peu coûteuse et efficace. Les vaporisateurs permettent de pulvériser les huiles dans l'air ambiant (pour purifier l'air), sur vous-même (pour vous masser) ou sur votre lit (pour mieux dormir).
- L'inhalation. Vous pouvez inhaler les huiles essentielles directement d'une bouteille en la portant sous le nez (pas trop près) et en prenant quelques grandes inspirations lentes. Expirez lentement et répétez ce geste trois ou quatre fois. C'est très efficace pour traiter les troubles nerveux ou anxieux ou, à l'opposé, les coups de fatigue ou le manque de concentration (avec les huiles appropriées à chaque situation).

Il existe d'autres moyens d'utiliser les huiles essentielles (par exemple par voie interne, par voie orale), mais ils sont moins communs.

Que doit-on regarder lorsqu'on choisit une huile essentielle (HE) ?

Lorsqu'on utilise les HE pour la santé, il est préférable de se procurer des huiles de qualité (dites authentiques) ou 100 % pures et biologiques de préférence. Assurez-vous de trouver les informations suivantes sur la bouteille que vous vous apprêtez à acheter :

- le nom en latin (le genre et l'espèce) en plus du nom français ;
- le pays d'origine ;
- la partie de la plante utilisée ;
- la mention du chémotype (la ou les molécules principales) ;
- le mode de culture – biologique, plante sauvage ou sans pesticides ;
- la durée de conservation ;
- le numéro de lot.

La présence de ces données démontre le sérieux de la compagnie qui fabrique ou vend ces huiles.

Quelles sont les contre-indications ?

Les contre-indications aux huiles essentielles sont bien documentées, mais malheureusement, peu de personnes prennent la peine de bien s'informer à leur sujet.

Déjà, nous avons vu qu'il est préférable de ne pas les utiliser pures sur la peau. De plus, il y a des huiles qui ne conviennent pas aux femmes enceintes ou qui allaitent, aux enfants de moins de deux ans, et d'autres aux enfants de moins de six ans. Certaines huiles sont à éviter par voie orale (à cause de leur toxicité) et d'autres sont proscrites pour les personnes qui font de l'épilepsie ou sont atteintes d'autres troubles neurologiques. De plus, quelques huiles essentielles ne peuvent être utilisées avec certains médicaments. Bref, les huiles essentielles doivent être abordées avec précaution. Dans le doute, mieux vaut s'abstenir. Pensez à consulter des sources sûres avant toute utilisation.

Avez-vous un dernier conseil pour ceux qui désirent s'initier au monde des huiles essentielles ?

Il existe une multitude d'excellents livres dans les boutiques de produits naturels, les librairies et même les bibliothèques. Demandez conseil à un professionnel dans le domaine pour vous guider. Plusieurs boutiques de produits naturels emploient des naturopathes qui peuvent vous offrir des avis pertinents. Mon autre recommandation, c'est de suivre une formation personnelle et familiale d'introduction à l'aromathérapie. Vous obtiendrez plus de détails et de précisions sur l'utilisation judicieuse des huiles essentielles, notamment les contre-indications spécifiques pour les femmes et les enfants, et sur la causticité et la toxicité de certaines d'entre elles.

Voici quelques huiles essentielles pour des besoins spécifiques

Recommandées par Marie Dionne, aromathérapeute

LES HUILES ESSENTIELLES POUR DIMINUER LE STRESS

Lavande vraie, ou lavande officinale

Bergamote

Mélisse

Orange douce

Rose

Camomille romaine

Mandarine

Marjolaine à coquilles

Ylang-ylang

Néroli (fleur d'oranger)

LES HUILES ESSENTIELLES POUR STIMULER L'ÉNERGIE ET LA CONCENTRATION

Pruche

Épinette noire

Vétiver

Mélèze

Romarin

Menthe poivrée

Orange douce

LES HUILES ESSENTIELLES POUR FAVORISER LA DÉTENTE ET LE SOMMEIL

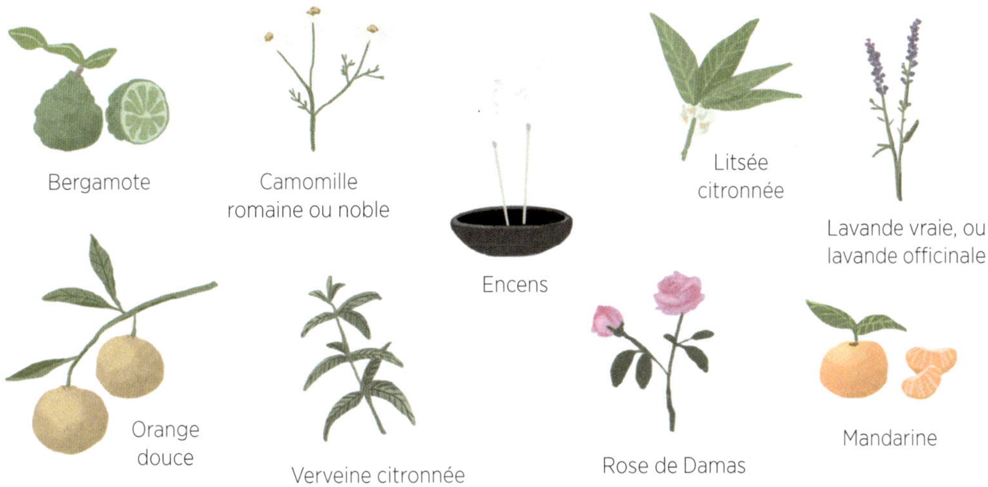

LES HUILES ESSENTIELLES POUR ASSAINIR L'AIR

Retrouvez plusieurs articles sur les huiles essentielles sur le site infusemagazine.ca !

LE SOMMEIL (EN QUALITÉ ET EN QUANTITÉ)

Nous avons abordé brièvement la fatigue et notre boîte à outils parentale anti-fatigue au chapitre 3. Il est connu que le sommeil est l'un des premiers à être touché par nos différents déséquilibres de vie. Le travail, le stress, les enfants et le manque d'exercice physique sont tous des facteurs pouvant venir perturber la qualité du sommeil.

Le sommeil est crucial à notre bien-être. Nous pouvons croire que trouver le sommeil est une chose innée et naturelle, mais avoir une bonne qualité de sommeil peut s'avérer complexe et, surtout, devenir problématique.

Selon Statistique Canada, de 2007 à 2013, 43 % des hommes et 55 % des femmes mentionnaient avoir de la difficulté à s'endormir ou à rester endormis. C'est confirmé : on ne dort pas assez.

Les recommandations actuelles sur le sommeil indiquent que pour les personnes de 18 à 64 ans, de sept à neuf heures de sommeil par nuit sont nécessaires. Et pourtant, selon Statistique Canada, chez les 18 à 34 ans, un adulte sur quatre ne dort pas suffisamment, alors que chez les 35 à 64 ans, c'est un adulte sur trois qui manque de sommeil*.

Les possibles effets néfastes d'un manque de sommeil sont nombreux :

- mauvaise concentration ;
- difficulté à gérer les émotions ;
- diminution de la productivité ;
- affaiblissement du système immunitaire ;
- irritabilité ;
- diminution du mieux-être général.

En plus d'être un des symptômes du stress, l'insomnie peut augmenter le niveau de stress. Il est donc important d'adopter une belle routine d'endormissement pour augmenter nos heures de sommeil et la qualité de celui-ci.

---

* Source : https://www.canada.ca/fr/sante-publique/services/publications/vie-saine/adultes-canadiens-dorment-suffisamment-infographique.html

Nous passons à travers différents stades de sommeil dans une nuit, et ceux-ci ont tous leur rôle dans la santé globale. On parle principalement de la stimulation du système immunitaire, de la sécrétion des hormones, du processus de régénération des cellules, de la régulation de l'humeur, de la gestion du stress et de la stimulation des mécanismes d'apprentissage et de mémorisation. Bref, pendant que nous dormons, notre cerveau classe et traite tout ce que nous avons vécu ou appris durant la journée.

Voici quelques trucs pour profiter d'un sommeil de meilleure qualité :

- Avoir des horaires de sommeil réguliers (une routine du sommeil) ;
- Bouger (mais éviter de le faire le soir, avant de dormir) ;
- Éviter les stimulants après 15 heures ;
- Éviter l'alcool et le tabac (qui rendent le sommeil plus léger) ;
- Fermer les écrans deux heures avant de dormir ;
- Maintenir la chambre dans l'obscurité la plus complète (et s'exposer à la lumière au réveil).

PRATIQUER LE YOGA À LA MAISON, C'EST SIMPLE

Au chapitre 1, nous avons abordé la philosophie et les fondements du yoga plus en détail, en mettant l'accent sur le fait que le yoga, c'est bien plus que des postures sur un tapis. Nous vous invitons également à retourner à la page 34 pour retrouver les deux séances de yoga (énergisante et apaisante) que nous vous proposons de réaliser à la maison lorsque vous en ressentez le besoin.

Si vous commencez votre pratique de yoga, nous vous invitons fortement à suivre une vidéo en ligne adaptée à votre niveau afin de vous assurer de faire les postures adéquatement et d'éviter les blessures. Les ressources offertes vous permettant d'enchaîner les asanas dans le confort de votre maison sont nombreuses sur le Web. Assurez-vous de la certification de votre professeur.

Retrouvez plusieurs vidéos de routines de yoga sur le site infusemagazine.ca !

> Le yoga est une danse qui nous pousse à sortir de notre zone de confort tout en étant bienveillants avec notre corps.
>
> – Virginie Goudreault

Pratiquer le yoga à la maison ne requiert que très peu de matériel, voire aucun. Cependant, pour nous, être bien équipées est souvent synonyme de motivation et de plaisir à mettre notre corps en mouvement. Les accessoires de yoga nous aident à respecter nos limites, tout en nous permettant d'aller plus loin dans les postures. Voici une courte liste d'essentiels afin de bien vous équiper :

- un tapis de qualité ;
- un ou deux blocs ;
- un traversin ;
- des vêtements extensibles et confortables ;
- une sangle de yoga.

CUISINER (POUR ACTIVER SA CRÉATIVITÉ OU SE DÉPOSER)

Comme nous l'avons mentionné au chapitre 4, cuisiner nous permet de nous reconnecter. Tout comme les arts et la musique, les activités entourant la cuisine peuvent être plutôt thérapeutiques (certains parlent même de cuisine-thérapie). Effectivement, cuisiner permet de développer plusieurs compétences et d'éveiller notre créativité, et ce, en faisant participer les enfants (si possible). La cuisine, c'est émotif, c'est lié à de nombreux souvenirs. La cuisine est un lieu de partage et de moments en famille. Un lieu où l'on se permet de se vider la tête, de décompresser et de se raconter ses journées respectives. La cuisine, c'est méditatif. Pourquoi ? Parce qu'on doit se concentrer sur des gestes répétitifs et sur les ingrédients à intégrer. De cette manière, l'esprit s'égare moins dans les problèmes du quotidien. Si la cuisine vous inspire, elle peut donc être un bon moyen pour vous aider à déstresser. Selon notre énergie du moment, nous cuisinons soit intuitivement, soit en suivant une recette.

Cuisiner intuitivement permet :

- de manger ce qui nous fait envie, en ajoutant les ingrédients et les aromates qui nous inspirent,
- de laisser aller notre créativité dans la réalisation du repas, à travers le goût, la texture et la présentation du plat (les enfants adorent créer leur propre pizza, selon leurs envies) ;
- de prendre notre temps en cuisine et d'en profiter pour passer des moments en famille ;
- de prendre conscience du temps requis pour réaliser un plat ;
- de passer des légumes défraîchis ou de faire un vide-frigo en mode zéro gaspillage.

Cuisiner méthodiquement permet :

- d'économiser du temps dans une journée bien remplie ;
- d'explorer de nouvelles saveurs ;
- de reposer son cerveau en effectuant des tâches prédéterminées ;
- de trouver l'inspiration plus rapidement ;
- d'obtenir des résultats fiables.

Si vous débutez en cuisine, n'oubliez pas de commencer doucement pour ne pas vous décourager. Choisissez une recette simple qui vous fait envie. Assurez-vous d'avoir du temps pour la réaliser (par exemple, en cuisinant le dimanche) et prenez plaisir à aller choisir les aliments pour la faire. Avoir une liste de courses vous aidera à ne rien oublier et vous évitera de perdre du temps à l'épicerie. Finalement, créez une ambiance qui vous ressemble pour mettre la main à la pâte. Mettez de la musique ou un podcast, cuisinez seul ou en famille, bref, prenez ce moment pour vous déposer.

NOS TRUCS POUR SURVIVRE AUX SEMAINES SURCHARGÉES

- Acheter des plats précuisinés.
- Se procurer des légumes précoupés ou congelés.
- Avoir des bases au congélateur (pots de sauce à spaghetti, potages, muffins...).
- Prévoir une journée *food prep* pour préparer quelques repas à l'avance.
- Communiquer nos besoins et séparer les tâches avec notre conjoint.

Afin de vous inspirer à cuisiner simplement, voici cinq recettes délicieuses et faciles à faire qui se retrouvent régulièrement sur nos tables !

POTAGE DE CHOU-FLEUR RÔTI ET TOFU SOYEUX

PORTIONS : ENVIRON 6

INGRÉDIENTS

- 1 gros chou-fleur, coupé en fleurets
- 1 c. à thé de cumin
- 2 c. à thé de paprika fumé
- 2 c. à soupe d'huile végétale, divisée
- 1 oignon jaune, coupé en morceaux
- 1 gousse d'ail
- 750 ml (3 tasses) de bouillon de légumes
- 1 paquet de 454 g de tofu soyeux (ne pas remplacer par du tofu ferme, qui ne donnera pas la même texture)
- Sel et poivre au goût

PRÉPARATION

1. Préchauffer le four à 425 °F.
2. Dans un bol, mélanger le chou-fleur, le cumin, le paprika et 1 c. à soupe d'huile.
3. Mettre le chou-fleur sur une plaque et enfourner pendant environ 20 minutes (ou jusqu'à ce que le chou-fleur commence à rôtir).
4. Dans une casserole, faire revenir l'oignon dans 1 c. à soupe d'huile jusqu'à ce qu'il soit translucide.
5. Réduire le feu et ajouter l'ail. Cuire pendant 2 minutes, puis ajouter le chou-fleur rôti et le bouillon.
6. Laisser mijoter environ 15 minutes.
7. Ajouter le tofu soyeux et réduire le tout en un potage lisse dans un robot-mélangeur.
8. Saler et poivrer, au goût.

PIZZA AU PESTO ET AU FROMAGE DE CHÈVRE

PORTIONS : 1 À 2 (SELON L'APPÉTIT OU SI ON ACCOMPAGNE LA PIZZA D'UNE BELLE GROSSE SALADE)

INGRÉDIENTS

- 1 petit pied de brocoli, coupé en fleurets
- 1 petit oignon, émincé
- Quelques champignons, tranchés
- 1 poivron rouge, en lanières
- 1 c. à soupe d'huile d'olive
- 3 c. à soupe de pesto
- 3 c. à soupe de sauce à pizza
- 1 pâte à pizza du commerce
- 1 tasse de cheddar de chèvre (ou autre fromage au goût), râpé
- 1 poignée de roquette

PRÉPARATION

1. Préchauffer le four à 350 °F.
2. Faire sauter le brocoli, l'oignon, les champignons et le poivron dans l'huile d'olive pendant quelques minutes et y ajouter le pesto en fin de cuisson.
3. Étendre la sauce à pizza sur la pâte à pizza, puis y déposer les légumes sautés et le fromage râpé.
4. Enfourner pendant 10 minutes, puis faire cuire à *broil* pendant 2 minutes ou jusqu'à ce que la pâte et le fromage soient grillés.
5. Ajouter une poignée de roquette, puis servir tel quel ou avec un filet d'huile épicée du commerce et déguster !

* *N'hésitez pas à modifier les ingrédients de cette recette en mode touski (tout ce qui reste au frigo) ! Le pesto n'est pas essentiel non plus. Laissez aller votre créativité et faites participer les enfants !*

CARRÉS CHOCOLATÉS (SANS PRODUITS LAITIERS)

PORTIONS : ENVIRON 12 CARRÉS

INGRÉDIENTS

- 125 ml (½ tasse) de beurre végétal (de type tartinade Earth Balance)
- 120 g (1 ½ tasse) de chapelure de biscuits Graham
- 150 g (1 tasse) de noix de Grenoble
- 60 g (½ tasse) de noix de coco, râpée
- 150 g (1 tasse) de brisures de chocolat mi-sucré (sans produits laitiers)
- 1 boîte (195 ml) et demie de lait de coco condensé

PRÉPARATION

1. Préchauffer le four à 350 °F.
2. Placer un papier parchemin dans un moule de 11 x 7 pouces.
3. Mélanger le beurre végétal et la chapelure.
4. Tasser le mélange dans le fond du moule.
5. Déposer sur la croûte les noix de Grenoble, la noix de coco et les brisures de chocolat.
6. Couvrir avec le lait condensé.
7. Enfourner 25 minutes.
8. Laisser refroidir complètement, démouler, puis trancher en carrés. Déguster !

« POITRINE DE TOFU » À LA GRECQUE

PORTIONS : ENVIRON 8 TRANCHES

INGRÉDIENTS

- Le jus de 1 citron
- 2 gousses d'ail, hachées
- 3 c. à soupe de vinaigre de cidre de pomme
- 3 c. à soupe d'huile d'olive
- 2 c. à soupe de levure nutritionnelle
- 3 c. à thé d'origan séché
- 1 c. à thé de miso brun
- 1 paquet (454 g) de tofu extra ferme nature ou aux fines herbes

PRÉPARATION

1. Dans un bol, mélanger le jus de citron, l'ail, le vinaigre, l'huile d'olive, la levure nutritionnelle, l'origan et le miso brun. Réserver
2. Couper le tofu en rectangles d'environ 1 pouce d'épaisseur (assurez-vous que la tranche soit assez large pour bien se tenir).
3. Déposer les rectangles de tofu dans un plat et recouvrir avec la marinade. Laisser reposer au moins une heure au frigo.
4. Cuire le tofu au barbecue ou dans une poêle, jusqu'à ce qu'il soit bien doré de chaque côté. Déguster !

* *Vous pouvez utiliser le reste de la marinade comme sauce pour accompagner le repas.*

VERSIONS ALTERNATIVES

Pépites de tofu à la grecque

Déchirer tout simplement le tofu en petites pépites avant de le mariner et de le faire cuire. Celles-ci sont parfaites pour garnir vos salades ou vos wraps, ou tout simplement pour les petites mains des enfants !

Préparation de type « salade de poulet » pour sandwich

Lorsque les pépites ou les poitrines de tofu sont bien cuites, les laisser refroidir. Ensuite, passer le tofu au mélangeur afin de le hacher finement. Ajouter de la mayonnaise et du céleri dans le mélangeur. Un délice parfait pour les lunchs !

QUINOA AUX LÉGUMES GRILLÉS ET FETA

PORTIONS : 4

INGRÉDIENTS

- 1 aubergine de grosseur moyenne, coupée en dés
- 2 courgettes, coupées en dés
- Un paquet de champignons (300 g), coupés en dés
- 10 tomates cerises
- 60 ml (1/4 de tasse) d'huile d'olive
- 380 g (2 tasses) de quinoa cuit
- 1 1/2 tasse (200 g) de feta de brebis, émietté
- Olives Kalamata, hachées, au goût
- 2 c. à soupe de vinaigre balsamique
- 1 gousse d'ail, hachée
- Sel et poivre, au goût

PRÉPARATION

1. Préchauffer le four à 400 °F.
2. Sur une plaque, déposer tous les légumes. Ajouter un filet d'huile d'olive, du sel et du poivre. Enfourner 20 minutes (ou jusqu'à ce que les légumes soient grillés).
3. Dans un bol, mélanger tous les légumes grillés et le quinoa. Ajouter le fromage feta et les olives.
4. Dans un autre bol, mélanger le vinaigre balsamique, l'ail et l'huile restante. Verser sur le plat. Déguster !

La cuisine est un plaisir pour nous lorsque nous avons l'espace mental pour nous y adonner. Prendre conscience de la saisonnalité des aliments, de leur provenance, du temps et de l'amour qui sont investis par nos agriculteurs dans les champs nous permet également de nous connecter à la terre et à ses ressources.

Prenez plaisir à cultiver un petit potager à la maison ou à aller visiter une ferme ou un marché local. Ouvrez-vous aux couleurs, aux odeurs et aux saveurs de nos récoltes. Informez-vous sur l'abondance des récoltes et prenez le temps d'aller faire de l'autocueillette. Rien n'est plus savoureux qu'une fraise du Québec cueillie en plein été, non ?

PRENDRE DES NOUVELLES DE SOI

Tout au long de ce livre, nous vous avons présenté des façons de vous reconnecter à votre essence, à votre vie, à vos désirs et vos besoins, à vous-même. En prenant conscience de nos déséquilibres, nous sommes plus attentifs à nos vulnérabilités et à nos zones d'ombre, mais également plus éveillés face à nos forces et à nos outils. Plus nous prenons du recul pour nous écouter, plus cela devient un automatisme dans notre vie. Prendre soin de nous-mêmes n'est plus une « chose qui s'ajoute à notre *to-do list* », cela devient une priorité, tout comme nous alimenter, boire, dormir.

Nous ne sommes pas des robots. Nous ne sommes pas parfaits. Nous sommes humains. Et cette humanité qui nous rend vulnérables, bienveillants et à l'écoute des autres, nous aurions intérêt à nous l'offrir à nous-mêmes. Nous prioriser ne veut pas dire être égoïstes, au contraire. Cela nous permet de remplir notre réservoir d'énergie, d'amour, de patience et de compassion afin d'être encore plus présents et aimants envers les autres.

Ce que tu vis est important.
Tu es important.

C'est un apprentissage constant et des rechutes fréquentes que d'apprendre à prendre soin de soi. Et si, en lisant ce livre, vous vous demandez par où commencer pour remplir une boîte à outils qui vous ressemble, nous vous dirons simplement ceci :

Commence par prendre des nouvelles de toi.
Comme pour un ami, un proche. Comment ça va, pour vrai ?

Apprendre à prendre soin de soi et à devenir sa propre priorité se fait graduellement. La quête de reconnexion profonde et de bien-être comporte des essais et beaucoup d'erreurs. Il n'y a aucune ligne d'arrivée.

#MADOSEBIENETRE

CE QUE JE SUIS SUFFIT, ET JE L'APPRÉCIE.
JE SUIS UNE PRIORITÉ DANS MA VIE.

Le mot de la fin

La quête d'équilibre n'est pas une finalité en soi. La reconnexion à soi et la création d'une boîte à outils bien-être nous permettent de mieux vivre avec les déséquilibres du quotidien. En tombant parfois, en se réajustant toujours. Savoir quand (et comment) piger dans notre boîte à outils est un précieux allié pour mieux vivre avec les aléas de la vie.

Il faut également se rappeler que se sentir bien avec soi-même et les autres n'est pas possible en tout temps. Les moments plus difficiles de déconnexion et de mal-être sont valides, normaux et courants. Nous vivons tous des moments plus sombres et c'est notre capacité à nous en sortir qui fait notre beauté, notre force, notre résilience.

Avoir une boîte à outils remplie ne nous garantit pas le bien-être et le bonheur, mais cela nous donne quelques avantages durant les moments de déséquilibre.

Au fil de notre quête d'équilibre, nous avons appris tellement de choses par l'entremise de l'introspection et de la connexion avec différents spécialistes et êtres humains. Ce que nous retenons de cette aventure : la vie n'est pas une course, sommes-nous si pressés d'en arriver au bout ?

Notre objectif : être bien et détendues, le plus souvent possible. Tout en étant conscientes que dans cette phrase toute simple, il y a une panoplie d'embûches, de peines, d'angoisses, mais également toute la beauté du monde.

C'est ce qui nous motive à faire rayonner l'envie de prendre soin de soi au quotidien, par le biais d'Infuse magazine, afin de rendre accessibles l'information et l'inspiration au plus grand nombre.

SUIVEZ-NOUS SUR NOS DIFFÉRENTES PLATEFORMES

- En ligne au www.infusemagazine.ca.
- Sur Instagram et Facebook pour des inspirations quotidiennes.
- Abonnez-vous à notre infolettre mensuelle pour ne manquer aucun contenu.
- Écoutez nos rencontres avec des spécialistes et des entrepreneurs inspirants sur notre chaîne de podcasts.
- Décrochez des écrans avec nos magazines en édition papier.
- Adhérez à l'abonnement mensuel pour bénéficier de l'accès à tous les contenus et soutenir votre référence bien-être !

NOS COLLABORATRICES SPÉCIALISTES

Nous voulons prendre le temps de remercier chaleureusement toutes les rédactrices spécialistes qui ont collaboré à cet ouvrage. Grâce à votre savoir et à vos enseignements, nous pouvons inspirer des milliers de personnes à prendre soin d'elles et, surtout, les outiller à mieux vivre avec les déséquilibres du quotidien.

Merci d'avoir accepté notre invitation de participer à ce livre !

Votre collaboration depuis toutes ces années est précieuse et nous vous en sommes infiniment reconnaissantes.

Sarah & Virginie

CHAPITRE 1

LISA-MARIE FARLEY
Ostéopathe et fondatrice d'Ode Wellness
Site Web : odewomen.com/fr/
Facebook : facebook.com/odewomen
Instagram : @ode.wellness

VANESSA DAIGLE
Nutritionniste-diététiste et cofondatrice de J'en mange !
Site Web : vdnutrition.com/
Facebook : facebook.com/vanessadaiglenutritionniste
Instagram : @van_nutritionniste

CHAPITRE 2

MYRIAM LECLERC

Ergothérapeute

Instagram : @myriam.leclerc.erg

LAURIE BARRETTE ET STÉPHANIE MANDREA

Fondatrices de Dans le sac et autrices

Site Web : danslesac.co/fr

Facebook : facebook.com/infodanslesac

Instagram : @dans_le_sac

ISABELLE SOUCY

Psychologue et autrice

Site Web : isabellesoucy.com

Facebook : facebook.com/Calmeaucoeurduchaos

CHAPITRE 3

MARYLISE CHAMPAGNE

Conseillère d'orientation et fondatrice de Dix mille matins

Site Web : dixmillematins.com/

Facebook : facebook.com/dixmillematins

Instagram : @dixmillematins

DOUANKA GENDREAU ET TANYA GUTIERREZ

Physiothérapeutes en rééducation périnéale et fondatrices de Pelvi Life

Site Web : pelvilife.com

Facebook : facebook.com/pelvilife

Instagram : @pelvilife

LORY ZEPHYR

Psychologue, autrice et cofondatrice de Ça va maman ?

Site Web : loryzephyr.com/

Facebook : facebook.com/loryzephyr/

Instagram : @lory_zephyr

EVE-LYNE AUGER

Fondatrice de La Fraîche et autrice

Site Web : lafraichemag.com/

Facebook : facebook.com/lafraiche

Instagram : @lafraiche_

CHAPITRE 4

PAOLA MARÍA AKL MOANACK
Psychologue
Site Web : meetual.com/
Facebook : facebook.com/Meetualpsychotherapie/
Instagram : @meetual_psychotherapie

CHAPITRE 5

ÉMILIE YERGEAU
Psychologue organisationnelle et fondatrice du podcast Le Cierge
Site Web : emilieyergeau.com/
Instagram : @dreemilieyergeaupsychologue

VICKY PAYEUR
Fondatrice de *Vivre Avec Moins* et autrice
Site Web : vivreavecmoins.com/
Facebook : facebook.com/Vivreavecmoins/
Instagram : @vivreavecmoins

CHAPITRE 6

MARIE DIONNE
Aromathérapeute et fondatrice de Vivia Aromathérapie
Site Web : aromavivia.com/
Facebook : facebook.com/AromaVIVIA/
Instagram : @vivia.aromatherapie

Remerciements

Nous tenons à vous remercier, chères lectrices et chers lecteurs, de nous avoir choisies pour vous accompagner dans votre cheminement vers un mode de vie qui vous ressemble. Merci de nous suivre sur notre plateforme et dans nos différents projets. C'est grâce à vous que nous pouvons continuer notre mission, celle d'infuser l'envie de prendre soin de soi et de mieux vivre avec les déséquilibres du quotidien.

Merci également à notre merveilleuse équipe de spécialistes. Sans votre présence bienveillante depuis nos débuts, Infuse magazine ne serait pas la plateforme que l'on connaît aujourd'hui.

Merci aux Éditions de l'Homme et à toute l'équipe pour leur confiance. Merci à Isabel Tardif pour les premiers échanges, à Julie Roy pour le gros travail d'édition, et à Marianne Prairie pour son écoute et son empathie lors de la finalisation de ce beau projet collectif.

Enfin, merci n'est pas un mot assez puissant pour souligner la présence et le travail constants de Noémie Benoît, notre adjointe depuis tellement d'années déjà, de Marylee Laquerre-Frégault, qui sait toujours quelle illustration créer pour magnifier nos mots, et de Kim Gauthier, la talentueuse photographe qui sait mettre en scène notre univers. On vous aime, les filles.

Merci à nos proches d'être présents et de croire en nous, et à tous ceux qui ont croisé notre chemin et qui nous ont inspirées.

Merci à mes parents, Marc et Sylvie, de m'avoir aidée à cultiver ma créativité à ma façon, en permettant à la Sarah enfant de se rendre à la bibliothèque toutes les semaines, à la Sarah ado de se réfugier dans les livres (un peu trop parfois) et à la Sarah jeune adulte de diriger un événement littéraire pendant plusieurs années. Votre présence, votre amour et votre ouverture ont nourri ma confiance et marqué mon parcours. Maman, merci d'être si présente dans la vie de ma famille et de me soutenir lorsque j'en ai besoin. Cela me donne la chance de me réaliser et m'a permis, entre autres, d'écrire ce livre. Il a été créé dans une période de déséquilibre que tu as su adoucir.

Cédric, merci d'être mon ancre et de m'épauler dans mes ambitions, même si je ne choisis pas la voie la plus fréquentée. Tu ne sais pas toujours quoi dire, mais tu es à l'écoute et je sens ta confiance et ton appui dans les moments de doute et d'angoisse. Je t'aime.

Finalement, Sofia et Thomas, mes amours, merci de me réapprendre à vivre le moment présent. Votre énergie pure et enjouée me ramène à l'essentiel et j'apprends tous les jours grâce à vous.

Sarah

Merci à toi, Sarah, encore une fois, d'avoir porté ce projet à bout de bras. Merci d'avoir mis en mots et rassemblé tes/nos idées pour mieux guider les réflexions et les séances d'introspection vers une vie plus douce et sereine. Merci pour ce manuscrit, pour cette boîte à outils.

Au fil des années, tu ne cesses de m'impressionner par ton désir constant de défricher, d'innover, mais surtout de rendre le monde meilleur un petit geste à la fois.

Merci de transmettre cette curiosité, non pas dans le but de performer, mais plutôt d'observer, d'écouter, de s'accepter, de s'assumer et de s'apprécier tel que l'on est. Merci de prendre la place qui te revient, de foncer et d'exprimer ta créativité.

Merci pour ta vision, ta grande compréhension et ta compassion. Au risque de me répéter, merci d'être toi et souvent nous deux à la fois. D'une autre vie à aujourd'hui, quelle chance immense j'ai de cheminer à tes côtés !

À ma mère Marie, Rudy, Lise et mes amies, merci d'être là tout le temps, d'écouter, de m'aider à cheminer malgré mon esprit toujours un peu éparpillé. Merci de prendre soin de moi et de me soutenir à votre façon.

Et à vous, mes amours pour toujours, Billie et Éloi, merci de m'avoir choisie et d'être quotidiennement mes plus grands enseignants.

Virginie

Table des matières

Suivez-nous sur le Web
et les réseaux sociaux !

EDITIONS-HOMME.COM
EDITIONS-JOUR.COM
EDITIONS-PETITHOMME.COM
EDITIONS-LAGRIFFE.COM
RECTOVERSO-EDITEUR.COM
QUEBEC-LIVRES.COM
EDITIONS-LASEMAINE.COM

Cet ouvrage a été achevé d'imprimer sur les presses
d'Imprimerie Transcontinental, Beauceville, Canada